TOSEL®

BASIC

International
TOSEL
Committee

VOCA 1

CONTENTS

Basic 2권

TOSEL® Level Chart   TOSEL 단계표

COCOON
아이들이 접할 수 있는 공식 인증 시험의 첫 단계로써, 아이들의 부담을 줄이고 즐겁게
흥미를 유발할 수 있도록 컬러풀한 색상과 디자인으로 시험지를 구성하였습니다.

Pre-STARTER
친숙한 주제에 대한 단어, 짧은 대화, 짧은 문장을 사용한 기본적인 문장표현 능력을
측정합니다.

STARTER
흔히 접할 수 있는 주제와 상황과 관련된 주제에 대한 짧은 대화 및 짧은 문장을 이해하고
일상생활 대화에 참여하며 실질적인 영어 기초 의사소통 능력을 측정합니다.

BASIC
개인 정보와 일상 활동, 미래 계획, 과거의 경험에 대해 구어와 문어의 형태로 의사소통을 할 수
있는 능력을 측정합니다.

JUNIOR
일반적인 주제와 상황을 다루는 회화와 짧은 단락, 실용문, 짧은 연설 등을 이해하고
간단한 일상 대화에 참여하는 능력을 측정합니다.

HIGH JUNIOR
넓은 범위의 사회적, 학문적 주제에서 영어를 유창하고 정확하게, 효과적으로 사용할 수 있는
능력 및 중문과 복잡한 문장을 포함한 다양한 문장구조의 사용 능력을 측정합니다.

ADVANCED
대학 및 대학원에서 요구되는 영어능력과 취업 또는 직업근무환경에 필요한 실용영어
능력을 측정합니다.

COCOON 유치원생
영어의 첫 걸음 단계

Pre-STARTER 초등 1,2학년
영어를 시작하는 단계

STARTER 초등 3,4학년
영어의 밑바탕을 다지는 단계

BASIC 초등 5,6학년
영어의 도약 단계

JUNIOR 중학생
영어의 실전 단계

HIGH JUNIOR 고등학생
영어의 고급화 단계

ADVANCED 대학생,직장인
영어의 완성 단계

TOSEL
교재 Series

TOSEL LEVEL	Age	Vocabulary Frequency	Readability Score	교과 과정 연계	VOCA	Reading	Listening	Grammar
Cocoon	K5-K7	500	0-1	Who is he? (국어 1단원 1-1)	150	Picking Pumpkins (Phonics Story)	사물 묘사	There is · There are
Pre-Starter	P1-P2	700	1-2	How old are you? (통합교과 1-1)	300	Me & My Family (Reading series Ch.1)	상대방 소개하기	be + adjective
Starter	P3-P4	1000-2000	1-2	Spring, Summer, Fall, Winter (통합교과 3-1)	800	Ask More Questions (Reading Series Ch.1)	날씨/시간 표현	Simple Past
Basic	P5-P6	3000-4000	3-4	Show and Tell (사회 5-1)	1700	Culture (Reading Series Ch.3)	의견 묻고 답하기	Superlative
Junior	M1-M2	5000-6000	5-6	중 1, 2 과학, 기술가정	4000	Humans and Animals (Reading Series Ch.1)	사물 소개하기	to-infinitive
High Junior	H1-H3	5000-6000	5-6	고등학교 - 체육	7000	Health (Reading Series Ch.1)	상태 묘사	2nd Conditional

■ TOSEL의 세분화된 레벨은 각 연령에 맞는 어휘와 읽기 지능 및 교과 과정과의 연계가 가능하도록 설계된 교재들로 효과적인 학습 커리큘럼을 제공합니다.

■ TOSEL의 커리큘럼에 따른 학습은

정확한 레벨링 → 레벨에 적합한 학습 → 영어 능력 인증 시험 TOSEL에서의 공신력 있는 평가를 통해

진단 → 학습 → 평가의 선순환 구조를 실현합니다.

About TOSEL®

TOSEL은 각급 학교 교과과정과 연령별 인지단계를 고려하여 단계별 난이도와 문항으로
영어 숙달 정도를 측정하는 영어 사용자 중심의 맞춤식 영어능력인증 시험제도입니다.
평가유형에 따른 개인별 장점과 단점을 파악하고, 개인별 영어학습 방향을 제시하는 성적분석자료를 제공하여
영어능력 종합검진 서비스를 제공함으로써 영어 사용자인 소비자와
영어능력 평가를 토대로 영어교육을 담당하는 교사 및 기관 인사관리자인 공급자를
모두 만족시키는 영어능력인증 평가입니다.

TOSEL은 인지적-학문적 언어 사용의 유창성 (Cognitive-Academic Language Proficiency, CALP)과
기본적-개인적 의사소통능력 (Basic Interpersonal Communication Skill, BICS)을
엄밀히 구분하여 수험자의 언어능력을 가장 친밀하게 평가하는 시험입니다.

대상	목적	용도
유아, 초, 중, 고등학생, 대학생 및 직장인 등 성인	한국인의 영어구사능력 증진과 비영어권 국가의 영어 사용자의 영어구사능력 증진	실질적인 영어구사능력 평가 + 입학전형 및 인재선발 등에 활용 및 직무역량별 인재 배치

연혁

2002.02	국제토셀위원회 창설 (수능출제위원역임 전국대학 영어전공교수진 중심)
2004.09	TOSEL 고려대학교 국제어학원 공동인증시험 실시
2006.04	EBS 한국교육방송공사 주관기관 참여
2006.05	민족사관고등학교 입학전형에 반영
2008.12	고려대학교 편입학시험 TOSEL 유형으로 대체
2009.01	서울시 공무원 근무평정에 TOSEL 점수 가산점 부여
2009.01	전국 대부분 외고, 자사고 입학전형에 TOSEL 반영 (한영외국어고등학교, 한일고등학교, 고양외국어고등학교, 과천외국어고등학교, 김포외국어고등학교, 명지외국어고등학교, 부산국제외국어고등학교, 부일외국어 고등학교, 성남외국어고등학교, 인천외국어고등학교, 전북외국어고등학교, 대전외국어고등학교, 청주외국어고등학교, 강원외국어고등학교, 전남외국어고등학교)
2009.12	청심국제중·고등학교 입학전형 TOSEL 반영
2009.12	한국외국어교육학회, 팬코리아영어교육학회, 한국음성학회, 한국응용언어학회 TOSEL 인증
2010.03	고려대학교, TOSEL 출제기관 및 공동 인증기관으로 참여
2010.07	경찰청 공무원 임용 TOSEL 성적 가산점 부여
2014.04	전국 200개 초등학교 단체 응시 실시
2017.03	중앙일보 주관기관 참여
2018.11	관공서, 대기업 등 100여 개 기관에서 TOSEL 반영
2019.06	미얀마 TOSEL 도입 발족식 베트남 TOSEL 도입 협약식
2019.11	2020학년도 고려대학교 편입학전형 반영
2020.04	국토교통부 국가자격시험 TOSEL 반영
2021.07	소방청 간부후보생 선발시험 TOSEL 반영

About TOSEL

What's TOSEL?

"Test of Skills in the English Language"

TOSEL은 비영어권 국가의 영어 사용자를 대상으로 영어구사능력을 측정하여
그 결과를 공식 인증하는 영어능력인증 시험제도입니다.

영어 사용자 중심의 맞춤식 영어능력 인증 시험제도

맞춤식 평가

**획일적인 평가에서
세분화된 평가로의 전환**

TOSEL은 응시자의 연령별
인지단계에 따라 별도의 문항과 난이도를
적용하여 평가함으로써 평가의
목적과 용도에 적합한 평가 시스템을
구축하였습니다.

공정성과 신뢰성 확보

국제토셀위원회의 역할

TOSEL은 고려대학교가 출제 및 인증기관
으로 참여하였고 대학입학수학능력시험
출제위원 교수들이 중심이 된
국제토셀위원회가 주관하여
사회적 공정성과 신뢰성을 확보한
평가 제도입니다.

수입대체 효과

외화유출 차단 및 국위선양

TOSEL은 해외시험응시로 인한 외화의
유출을 막는 수입대체의 효과를 기대할 수
있습니다. TOSEL의 문항과 시험제도는
비영어권 국가에 수출하여 국위선양에
기여하고 있습니다.

Why TOSEL ®

왜 TOSEL인가

01 학교 시험 폐지

일선 학교에서 중간, 기말고사 폐지로 인해 객관적인 영어 평가 제도의 부재가 우려됩니다. 그러나 전국단위로 연간 4번 시행되는 TOSEL 평가시험을 통해 학생들은 정확한 역량과 체계적인 학습방향을 꾸준히 진단받을 수 있습니다.

02 연령별/단계별 대비로 영어학습 점검

TOSEL은 응시자의 연령별 인지단계 및 영어 학습 단계에 따라 총 7단계로 구성되었습니다. 각 단계에 알맞은 문항유형과 난이도를 적용해 모든 연령 및 학습 과정에 맞추어 가장 효율적으로 영어실력을 평가할 수 있도록 개발된 영어시험입니다.

03 학교내신성적 향상

TOSEL은 학년별 교과과정과 연계하여 학교에서 배우는 내용을 학습하고 평가할 수 있도록 문항 및 주제를 구성하여 내신영어 향상을 위한 최적의 솔루션을 제공합니다.

04 수능대비 직결

유아, 초, 중등시절 어렵지 않고 즐겁게 학습해 온 영어이지만, 수능시험준비를 위해 접하는 영어의 문항 및 유형 난이도에 주춤하게 됩니다. 이를 대비하기 위해 TOSEL은 유아부터 성인까지 점진적인 학습을 통해 수능대비를 자연적으로 해나갈 수 있습니다.

05 진학과 취업에 대비한 필수 스펙관리

개인별 '학업성취기록부' 발급을 통해 영어학업성취이력을 꾸준히 기록한 영어학습 포트폴리오를 제공하여 영어학습 이력을 관리할 수 있습니다.

06 자기소개서에 토셀 기재

개별적인 진로 적성 Report를 제공하여 진로를 파악하고 자기소개서 작성시 적극적으로 활용할 수 있는 객관적인 자료를 제공합니다.

07 영어학습 동기부여

시험실시 후 응시자 모두에게 수여되는 인증서는 영어학습에 대한 자신감과 성취감을 고취시키고 동기를 부여합니다.

08 AI 분석 영어학습 솔루션

200만 명의 응시데이터를 기반으로 영어인증시험 제도 중 세계 최초로 인공지능이 분석한 개인별 AI 정밀진단 성적표를 제공합니다. 최첨단 AI 정밀진단 성적표는 최적의 영어학습 솔루션을 제시하여 영어학습에 소요되는 시간과 노력을 획기적으로 절감해줍니다.

09 명예의 전당, 우수협력기관 지정

우수교육기관은 'TOSEL 우수 협력 기관'에 지정되고, 각 시/도별, 최고득점자를 명예의 전당에 등재합니다.

Evaluation ——————— 평가

평가의 기본원칙

TOSEL은 PBT(Paper Based Test)를 통하여 간접평가와 직접평가를 모두 시행합니다.

TOSEL은 언어의 네 가지 요소인 **읽기, 듣기, 말하기, 쓰기 영역을 모두 평가합니다.**

문자언어   음성언어

읽기능력   +   듣기능력

쓰기능력   말하기능력

대한민국 대표 영어능력 인증 시험제도

TOSEL®

Reading 읽기	모든 레벨의 읽기 영역은 직접 평가 방식으로 측정합니다.
Listening 듣기	모든 레벨의 듣기 영역은 직접 평가 방식으로 측정합니다.
Writing 쓰기	모든 레벨의 쓰기 영역은 간접 평가 방식으로 측정합니다.
Speaking 말하기	모든 레벨의 말하기 영역은 간접 평가 방식으로 측정합니다.

TOSEL은 연령별 인지단계를 고려하여 **아래와 같이 7단계로 나누어 평가합니다.**

1 단계	**TOSEL**® COCOON	5~7세의 미취학 아동
2 단계	**TOSEL**® Pre-STARTER	초등학교 1~2학년
3 단계	**TOSEL**® STARTER	초등학교 3~4학년
4 단계	**TOSEL**® BASIC	초등학교 5~6학년
5 단계	**TOSEL**® JUNIOR	중학생
6 단계	**TOSEL**® HIGH JUNIOR	고등학생
7 단계	**TOSEL**® ADVANCED	대학생 및 성인

Grade Report ——————— 성적표 및 인증서

개인 AI 정밀진단 성적표

십 수년간 전국단위 정기시험으로 축적된 빅데이터를 교육공학적으로 분석·활용하여 산출한 개인별 성적자료

정확한 영어능력진단 / 섹션별·파트별 영어능력 및 균형 진단 / 명예의 전당 등재 여부 / 온라인 최적화된 개인별 상세 성적자료를 위한 QR코드 / 응시지역, 동일학년, 전국에서의 학생의 위치

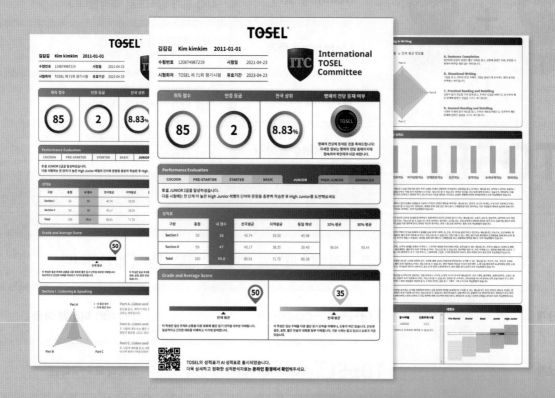

단체 및 기관 응시자 AI 통계 분석 자료

십 수년간 전국단위 정기시험으로 **축적된 빅데이터를**
교육공학적으로 분석·활용하여 산출한 응시자 통계 분석 자료

- 단체 내 레벨별 평균성적추이, LR평균 점수, 표준편차 파악
- 타 지역 내 다른 단체와의 점수 종합 비교 / 단체 내 레벨별
  학생분포 파악
- 동일 지역 내 다른 단체 레벨별 응시자의 평균 나이 비교
- 동일 지역 내 다른 단체 명예의 전당 등재 인원 수 비교
- 동일 지역 내 다른 단체 최고점자의 최고 점수 비교
- 동일 지역 내 다른 응시자들의 수 비교

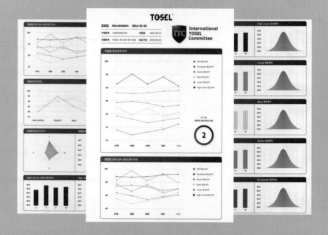

'토셀 명예의 전당' 등재

특별시, 광역시, 도 별 **1등 선발**
(7개시 9개도 **1등 선발**)

*홈페이지 로그인 – 시험결과 – 명예의 전당에서
 해당자 등재 증명서 출력 가능

'학업성취기록부'에 토셀 인증등급 기재

개인별 **'학업성취기록부' 평생 발급**
진학과 취업을 대비한 **필수 스펙관리**

인증서

대한민국 초,중,고등학생의 영어숙달능력 평가 결과 공식인증

고려대학교 인증획득 (2010. 03)   팬코리아영어교육학회 인증획득 (2009. 10)   한국응용언어학회 인증획득 (2009. 11)
한국외국어교육학회 인증획득 (2009. 12)   한국음성학회 인증획득 (2009. 12)

Voca Series ———————— 특장점

TOSEL 시험을 기준으로 빈출 지표를 활용한 단어 선정 및 예문과 문제 구성

TOSEL 시험에 출제된 빈출 단어를 기준으로 단어 선정	TOSEL 시험에 활용된 문장을 사용하여 예문과 문제를 구성	TOSEL 기출 문제 풀이를 통한 TOSEL 및 실전 영어 시험 대비 학습

세분화된 레벨링

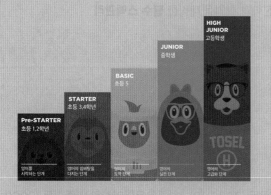

20년 간 대한민국 영어 평가 기관으로서

연간 4회 전국적으로 실시되는 정기시험에서

축적된 성적 데이터를 기반으로

정확하고 세분화된 레벨링을 통한

영어 학습 콘텐츠 개발

언어의 4대 영역 균형 학습

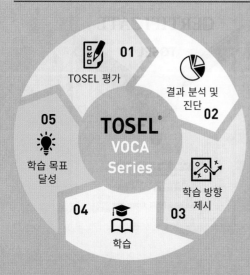

1. TOSEL 평가: 학생의 영어 능력을 정확하게 평가

2. 결과 분석 및 진단: 시험 점수와 결과를 분석하여 학생의 강점, 취약점, 학습자 특성 등을 객관적으로 진단

3. 학습 방향 제시: 객관적 진단 데이터를 기반으로 학습자 특성에 맞는 학습 방향 제시 및 목표 설정

4. 학습: 제시된 방향과 목표에 따라 학생에게 적합한 어휘 학습법 소개 및 단어 암기 훈련

5. 학습 목표 달성: 학습 후 다시 평가를 통해 목표 달성 여부 확인 및 성장을 위한 다음 학습 목표 설정

Voca Series ——————————— Level

TOSEL의 Voca Series는 레벨에 맞게 단계적으로
단어를 학습할 수 있도록 구성되어 있습니다.

| **Pre-Starter** | **Starter** | **Basic** | **Junior** | **High Junior** |

■ 그림을 활용하여 단어에 대한 이해도 향상
■ 다양한 활동을 통해 단어 반복 학습 유도
■ TOSEL 기출 문제 연습을 통한 실전 대비

■ TOSEL 기출의 빈도수를 활용한 단어 선정으로 효율적 학습
■ 실제 TOSEL 지문의 예문을 활용한 실용적 학습 제공
■ TOSEL 기출 문제 연습을 통한 실전 대비

최신 수능 출제
단어를 포함하여
수능 대비 가능

TOSEL LEVEL	PS	S	B	J	HJ
총 단어 수	300	500	900	2300	3000
누적 단어 수	300	800	1700	4000	7000
권 수	1권	1권	2권	2권	2권
하루 단어 암기량	20	30	30	30	30
목차 구성	15 units	15 units	30 days	70 days	100 days
unit 당 학습 기간	3일	3일	3일	2일	2일
총 학습 기간 (1권 / 2권)	45일 (약 1.5개월)	45일 (약 1.5개월)	45일 / 90일 (2권 총합 약 2개월)	70일 / 140일 (2권 총합 약 4개월)	100일 / 200일 (2권 총합 약 6개월)

1시간 학습 Guideline

01 💡 Preview
10분

■ 해당 단원에서 학습할 단어를 미리 학습
■ 단어의 품사 파악하기 및 QR코드를 활용하여
　올바른 발음 듣기

02 📖 품사 구분하기

색상으로 8품사 구분하기

n	명사 noun		pron	대명사 pronoun
v	동사 verb		adj	형용사 adjective
adv	부사 adverb		conj	접속사 conjunction
prep	전치사 preposition		int	감탄사 interjection

05 ✏️ Practice
10분

연결하기 문제 예시
영어 단어와 한글 뜻을 올바르게 연결하기

철자 맞추기 문제 예시
한글 뜻에 알맞은 철자를 찾아 O로 표기하기

빈칸 채우기 문제 예시
한글 뜻을 보고 예문에 맞게 빈칸에 알맞은 단어 넣기

■ 해당 단어 표현에 대해서는 우리말 보다는 영어로 말할 수
　있도록 지도하기
■ 문제의 정답률보다는 단어의 활용에 초점을 두어 교수하기

03 발음 듣기

■ QR코드를 활용하여 단어의 올바른 발음 듣기
■ 소리 내어 읽으면서 단어 학습
■ 단어의 구체적 의미보다는 발음과 스펠링에 집중하여 학습

04 단어 학습

20분

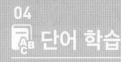

■ 단어의 스펠링과 우리말 뜻에 유의하며 학습
■ 한 번 읽어본 이후에는 우리말 뜻을 가리고
  학습하며 단어의 의미 상기하기
■ 출제 빈도 표시 추가 (TOSEL 지문을 분석)

06 Self Test

10분

07 TOSEL 실전문제

10분

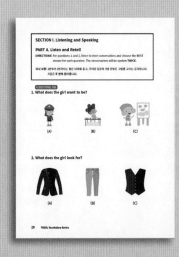

■ 실제 TOSEL 기출 문제를 통한 실전 대비 학습
■ 실제 시험 시간과 유사하게 풀이할 수 있도록 지도하기
■ 틀린 문제에 대해서는 해당 단원에서 복습하도록 지도하기

CHAPTER 01

DAY 01

색상으로 8품사 구분하기

n	명사	noun		pron	대명사	pronoun
v	동사	verb		adj	형용사	adjective
adv	부사	adverb		conj	접속사	conjunction
prep	전치사	preposition		int	감탄사	interjection

n	man		n	information		adj	hard
v	miss		n	thing		n	writing
adv	yesterday		v	become		n	flower
v	order		adj	sure		n	team
adj	different		prep	during		prep	into
prep	up		n	lot		n	story
v	leave		prep	out		v	come
n	Easter		n	pilot		n	stage
n	crab		n	drama		adj	modern
n	recreation		n	scoop		v	seek

DAY 1

⭐ 표시는 **출제 빈도**를 나타냅니다.

---

001 ★ ★ ★

man

> n (성인) 남자 / 사람들, 인류
>
> ex Who is that **man**?
> 저 남자는 누구인가?

---

002 ★ ★ ★

information

> n 정보
>
> ex Thank you for the **information**.
> 그 정보를 알려줘서 고마워.

---

003 ★ ★ ★

hard

> adj 어려운[힘든] / 단단한   adv 열심히
>
> ex It is **hard** to clean.
> 청소하는 것이 어렵다.

---

004 ★ ★ ★

miss

> v 놓치다[빗나가다] / 그리워하다
>
> ex Monica **missed** her train.
> Monica는 그녀의 기차를 놓쳤다.

---

005 ★ ★ ★

thing

> n (사물을 가리키는) 것 / 물건, 사물
>
> ex Take this **thing** if you need it.
> 만약 필요하다면 이것을 가지고 가.

---

006 ★ ★ ★

writing

> n 쓰기 / (직업적인) 집필[저술] / 글, 글자
>
> ex **writing** a book
> 책을 쓰는 것
>
> 원 write 쓰다

예문은 TOSEL 시험에 실제로 출제된 예문입니다.

---

007 ★ ★ ★

yesterday

`adv` **어제**

`ex` She arrived **yesterday**.

그녀는 어제 도착했다.

참고 과거 동사 + yesterday

---

008 ★ ★ ★

become

`v` **~이 되다**

`ex` His dream is to **become** a doctor.

그의 꿈은 의사가 되는 것이다.

참고 become-became-become

---

009 ★ ★ ★

flower

`n` **꽃** `v` **꽃을 피우다, 개화하다**

`ex` I picked a **flower**.

나는 꽃 한 송이를 꺾었다.

---

010 ★ ★ ★

order

`v` **주문하다, 명령하다** `n` **주문, 명령, 지시 / 순서**

`ex` Can I **order** here?

여기서 주문할 수 있나요?

---

011 ★ ★ ★

sure

`adj` **확신하는, 확실한**

`ex` I'm not **sure**.

확실하지 않아.

---

012 ★ ★ ★

team

`n` **팀[단체]**

`ex` He is on the red **team**.

그는 붉은 팀에 속해있다.

DAY 1

⭐ 표시는 **출제 빈도**를 나타냅니다.

---

013 ★ ★ ★

different

> adj **다른, 차이가 나는**
>
> ex He makes **different** types of cars.
> 그는 다른 유형들의 자동차들을 만든다.
>
> 반 same 같은

---

014 ★ ★ ★

during

> prep **~동안[내내]**
>
> ex **during** the summer vacation
> 여름방학 동안에

---

015 ★ ★ ★

into

> prep **~안[속]으로**
>
> ex They jumped **into** his mouth.
> 그들은 그의 입 속으로 뛰어 들었다.

016

up

> prep **위로, 위쪽에**
>
> ex She climbed **up** the tree.
> 그녀는 나무 위로 올라갔다.
>
> 반 down 아래에

017

lot

> n **많음, 다량, 다수**
>
> ex There were a **lot** of people.
> 많은 사람들이 있었다.
>
> 문법 한정사: a lot of 많은

018

story

> n **이야기**
>
> ex Do you know the **story**?
> 그 이야기 알고 있어?

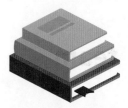

예문은 TOSEL 시험에 실제로 출제된 예문입니다.

019

leave

v 떠나다[출발하다] / 그대로 놓아두다[남겨두다]

ex He did not want to **leave**.
그는 떠나고 싶어하지 않았다.
참고 leave-left-left

020

out

prep 밖으로, 밖에

ex Tim ran **out** the door.
Tim은 문 밖으로 달려 나갔다.

021

come

v 오다

ex Why can't he **come** to school?
그는 왜 학교에 오지 않는거지?
참고 come-came-come

022

Easter

n 부활절

ex the **Easter** holidays
부활절 휴일

023

pilot

n 조종사, 비행사

ex The **pilot** landed the plane.
조종사가 비행기를 착륙시켰다.

024

stage

n 단계 / 무대

ex He came on **stage**.
그가 무대에 올라왔다.

DAY ❶

★ 표시는 **출제 빈도**를 나타냅니다.

025

crab

n 게

ex This **crab** has two strong claws.
이 게는 두개의 강한 집게발을 가지고 있다.

026

drama

n 드라마[극]

ex She wrote a historical **drama**.
그녀는 역사극을 썼다.

㈜ play 극

027

modern

adj 현대의, 근대의

ex I like some **modern** music.
나는 일부 현대 음악을 좋아한다.

028

recreation

n 오락, 레크리에이션

ex What do you want for **recreation**?
레크리에이션으로 무엇을 원하니?

㈜ leisure 여가

029

scoop

n (국자 같은) 숟갈, 스쿱   **v** (스쿱을 이용하여) 뜨다

ex a **scoop** of ice cream
아이스크림 한 스쿱

030

seek

v 찾다 / 구하다, 추구하다

ex to **seek** funding for a project
프로젝트를 위한 자금을 구하는 것

㈜ look for 찾다, 구하다

Practice

 1. 다음 단어들을 올바르게 연결하세요.

(1) **hard** • • (a) **어려운, 단단한**

(2) **thing** • • (b) **많음, 다량, 다수**

(3) **sure** • • (c) **다른, 차이가 나는**

(4) **different** • • (d) **것, 물건, 사물**

(5) **lot** • • (e) **확신하는, 확실한**

(6) **yesterday** • • (f) **어제**

 2. 우리말에 맞게 빈칸을 완성하세요.

| scoop | recreation | modern | stage |

(1) **He came on** _____ **.**
그는 **무대**로 나왔다.

(2) **a** _____ **of ice cream**
아이스크림 한 **스쿱**

(3) **I like some** _____ **music.**
나는 일부 **현대** 음악을 좋아한다.

(4) **What do you want for** _____ **?**
레크리에이션으로 무엇을 원하니?

SELF TEST

01	information		16		찾다, 추구하다
02		놓치다	17	man	
03		쓰기, 집필, 글	18	recreation	
04	become		19		밖으로, 밖에
05	order		20	hard	
06		확신하는	21		것, 물건
07	different		22	come	
08		~동안	23	yesterday	
09	into		24	flower	
10		많음, 다수	25	team	
11	leave		26		위로, 위쪽에
12		조종사, 비행사	27		이야기
13	stage		28	scoop	
14	crab		29		드라마
15		현대의, 근대의	30	Easter	

DAY 02

색상으로 8품사 구분하기

n	명사	noun	pron	대명사	pronoun
v	동사	verb	adj	형용사	adjective
adv	부사	adverb	conj	접속사	conjunction
prep	전치사	preposition	int	감탄사	interjection

v	think	n	woman	n	work
n	computer	prep	behind	n	event
adv	away	n	coupon	n	spy
n	title	v	thank	prep	as
n	backstroke	n	bacon	n	image
adj	important	n	mood	n	nap
v	offer	adj	public	adv	absolutely
n	academy	n	tag	n	sled
n	theme	n	unicorn	n	waiter
n	apartment	n	arena	v	slide

DAY ②

★ 표시는 **출제 빈도**를 나타냅니다.

---

001 ★ ★ ★

think

`v` **생각하다**

`ex` What does the boy **think** about the movie?
소년은 영화에 대해서 어떻게 생각하고 있는가?

참고 think-thought-thought

---

002 ★ ★ ★

woman

`n` **(성인) 여자, 여성**

`ex` This passenger is a **woman**.
이 승객은 여성이다.

---

003 ★ ★ ★

work

`n` **일, 직장, 직업** `v` **일하다**

`ex` Jin has to go to **work** early.
Jin은 일찍 일하러 가야만 한다.

---

004 ★ ★ ★

computer

`n` **컴퓨터**

`ex` What's wrong with the **computer**?
컴퓨터에 무슨 문제 있니?

---

005 ★ ★ ★

behind

`prep` **뒤에**

`ex` Ian likes the park **behind** his house.
Ian은 그의 집 뒤에 있는 공원을 좋아한다.

---

006 ★ ★ ★

event

`n` **사건, 행사**

`ex` The **event** is at the city market.
그 행사는 도시 시장에서 열린다.

예문은 TOSEL 시험에 실제로 출제된 예문입니다.

---

007 ★★★

away

| adv | 떨어져[떨어진 곳에] |

ex He lives far **away** from us.
그는 우리와 먼 곳에 떨어져 산다.

---

008 ★★★

coupon

| n | 쿠폰, 할인권 |

ex Where can we get the **coupon**?
우리는 쿠폰을 어디서 받을 수 있나요?

---

009 ★★★

spy

| n | 스파이, 정보원, 첩자 |

ex Dress up as spies and attend a **spy** camp.
스파이 분장을 하고 스파이 캠프에 참여해라.

---

010 ★★★

title

| n | 제목, 표제 | v | 제목을 붙이다 |

ex What is the best **title**?
가장 알맞은 제목은 무엇인가?

---

011 ★★★

thank

| v | 고마워하다, 감사를 전하다 |

ex **Thank** you for your kindness.
당신의 친절함에 감사를 전합니다.

---

012 ★★★

as

| prep | ~처럼[같이] / ~로(서) |

ex Pyramids were built **as** a resting place.
피라미드는 휴식 공간으로 지어졌다.

참고 as … as ~ ~만큼…한

DAY ②

---

013 ⭐ ⭐

backstroke

`n` **(수영의)배영**

`ex` Now I can do the **backstroke**.
이제 나는 배영을 할 수 있다.

참고 freestyle (수영)자유형 | breaststroke 평영

---

014 ⭐ ⭐

bacon

`n` **베이컨**

`ex` I love grilled **bacon**.
나는 석쇠에 구운 베이컨을 좋아한다.

---

015 ⭐ ⭐

image

`n` **이미지[인상] / 영상, 그림**

`ex` Try to picture the **image** of it in your mind.
그것의 이미지를 너의 마음 속으로 그려봐.

---

016 ⭐ ⭐

important

`adj` **중요한, 영향력이 큰**

`ex` Sleeping is more **important** than we may think.
잠자는 것은 우리가 생각하는 것보다 더 중요하다.

---

017 ⭐ ⭐

mood

`n` **기분, 분위기**

`ex` We are in a good **mood**.
우리는 기분이 좋다.

---

018 ⭐ ⭐

nap

`n` **낮잠** `v` **낮잠을 자다**

`ex` I wanted to take a **nap**.
나는 낮잠을 자고 싶었다.

예문은 TOSEL 시험에 실제로 출제된 예문입니다.

019

offer

v 제안하다, 제공하다   **n** 제의, 제안

ex What does the man **offer** to do?
그 남자는 무엇을 하는 것을 제안하는가?

020

public

adj 공공의, 일반[대중]의

ex We met at the **public** pool.
우리는 공공 수영장에서 만났다.

021

absolutely

adv 전적으로, 틀림없이

ex We can **absolutely** guarantee it.
우리는 그것을 전적으로 보장할 수 있다.

참고 adj. absolute 완전한, 완벽한

022

academy

n (특수 분야의) 학교 / 학술원, 예술원

ex The military **academy** was founded in London.
런던에 육군사관학교가 설립되었다.

023

tag

n 꼬리표[태그]

ex Put the name **tag** on the side.
옆에 이름표를 붙여 주세요.

024

sled

n 썰매

ex I made a small **sled**.
나는 작은 썰매를 만들었다.

DAY ②

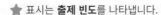

★ 표시는 **출제 빈도**를 나타냅니다.

025

theme

n 주제, 테마

ex Poverty is a **theme** of her novel.
가난은 그녀가 쓴 소설의 주제이다.

026

unicorn

n 유니콘[전설상의 동물]

ex The **unicorn** is a fabulous creature.
유니콘은 우화 속의 동물이다.

027

waiter

n 웨이터, 종업원

ex He gave the **waiter** a generous tip.
그는 웨이터에게 후한 팁을 주었다.

028

apartment

n 아파트

ex a luxuriously furnished **apartment**
고급스러운 가구들이 갖춰진 아파트

029

arena

n 경기장[공연장], 무대

ex a concert at Wembley **Arena**
Wembley 경기장에서 열린 콘서트

030

slide

v 미끄러지다

ex Cars **slide** on ice.
차들은 얼음에 미끄러진다.

Practice

 1. 다음 단어에 알맞은 철자를 찾아 동그라미로 표시하세요.

(1)　공공의, 일반[대중]의　(publik, public, peblik)

(2)　사건, 행사　(evant, ebent, event)

(3)　경기장[공연장], 무대　(arana, alena, arena)

(4)　콘도, 방, 아파트　(apartment, apatmant, apertment)

 2. 우리말에 맞게 빈칸을 완성하세요.

| important | backstroke | unicorn | thank |

(1) **Now I can do the _____ .**
이제 나는 **배영**을 할 수 있다.

(2) **Sleeping is more _____ than we may think.**
잠자는 것은 우리가 생각하는 것보다 더 **중요하다**.

(3) **The _____ is a fabulous creature.**
유니콘은 우화 속의 동물이다.

(4) **_____ you for your kindness.**
당신의 친절함에 **감사를 전합니다**.

SELF TEST

01	woman		16		생각하다
02	computer		17	work	
03		사건, 행사	18		뒤에
04	coupon		19		떨어져
05	title		20	spy	
06	as		21	thank	
07	bacon		22		(수영의)배영
08		중요한	23	image	
09	nap		24		기분, 분위기
10		공공의, 일반의	25	offer	
11	academy		26		전적으로
12		썰매	27	tag	
13	unicorn		28	theme	
14	apartment		29		웨이터, 종업원
15	slide		30		경기장, 무대

DAY 03

색상으로 8품사 구분하기

n	명사 noun	pron 대명사 pronoun
v	동사 verb	adj 형용사 adjective
adv	부사 adverb	conj 접속사 conjunction
prep	전치사 preposition	int 감탄사 interjection

v	enjoy	adj	likely	pron	mine
adj	other	n	castle	n	stamp
n	activity	n	band	adj	better
n	bridge	n	campsite	n	accident
n	address	n	doll	adj	difficult
n	bandage	n	bagel	n	candle
adj	afraid	n	eagle	adj	asleep
n	fortune	n	kingdergarten	n	fairy
n	firework	n	label	adj	homeless
n	instruction	n	direction	n	hour

DAY ③

⭐ 표시는 **출제 빈도**를 나타냅니다.

---

001 ⭐⭐⭐

enjoy

> v 즐기다 / 즐거운 시간을 보내다

> ex **Enjoy** your lunch.
> 점심 맛있게 먹어.

---

002 ⭐⭐⭐

likely

> adj ~할 것 같은 / 그럴듯한

> ex Tickets are **likely** to be expensive.
> 표가 비쌀 것으로 예상된다.

---

003 ⭐⭐⭐

mine

> pron 나의 것

> ex **Mine** is the black one.
> 내 것은 검정색 물건이다.

> 문법 mine: 소유대명사 (I-my-me-mine)

---

004 ⭐⭐⭐

other

> adj 다른   n 다른 사람[것]

> ex Are **other** people coming soon?
> 다른 사람들이 곧 오니?

> 참고 each other 서로

---

005 ⭐⭐⭐

castle

> n 성

> ex This **castle** is on a hill.
> 이 성은 언덕 위에 있다.

---

006 ⭐⭐⭐

stamp

> n 우표

> ex Put them in **stamp** albums.
> 그것들을 우표첩에 넣어둬.

예문은 TOSEL 시험에 실제로 출제된 예문입니다.

---

007 ★★★

activity

n 활동

ex What **activity** can Rene use the coupons for?
Rene이 쿠폰을 사용할 수 있는 활동은 무엇인가?

---

008 ★★★

band

n (대중음악) 밴드, 악단 / 띠, 끈

ex What is the name of the first **band**?
첫번째로 공연하는 밴드 이름은 무엇인가?

---

009 ★★★

better

adj 더 좋은[나은] / 더 잘하는

ex Yes, it's **better** than orange juice.
맞아, 오렌지 주스보다 그게 더 나아.

참고 주로 접속사 'than'과 함께 활용

---

010 ★★★

bridge

n 다리

ex The **bridge** was too narrow.
그 다리는 너무 좁았다.

---

011 ★★

campsite

n 야영지, 캠프장

ex Here is your **campsite**.
이곳이 당신의 캠핑장이다.

---

012 ★★

accident

n 사고

ex He had an **accident**.
그는 사고를 당했다.

참고 by accident 우연히

DAY ③

★ 표시는 **출제 빈도**를 나타냅니다.

---

013 ★ ★

address

n **주소**

ex What is your home **address**?
너의 집 주소가 무엇이니?

---

014 ★ ★

doll

n **인형**

ex My sister is playing with a **doll**.
내 여동생은 인형을 가지고 놀고 있다.

---

015 ★ ★

difficult

adj **어려운, 힘든**

ex She teaches **difficult** science topics.
그녀는 어려운 과학 주제들을 가르친다.

㈜ hard 어려운

---

016 ★ ★

bandage

n **붕대**

ex Put a **bandage** on your cut.
너의 베인 상처에 붕대를 감아.

---

017 ★ ★

bagel

n **베이글**

ex a **bagel** with salmon and cream cheese
연어와 크림치즈 베이글

---

018 ★ ★

candle

n **양초**

ex I have to use a **candle**.
나는 양초를 사용해야만 한다.

예문은 TOSEL 시험에 실제로 출제된 예문입니다.

019

afraid

adj	두려워하는 / 걱정하는

ex　She is **afraid** of many different things.

그녀는 많은 다른 것들을 두려워한다.

참고 be afraid of ~을 두려워하다

020

eagle

n　독수리

ex　**Eagles** do not catch flies.

독수리는 파리를 잡지 않는다.

021

asleep

adj　잠이 든, 자고 있는

ex　He fell **asleep** on the sofa.

그는 소파 위에서 잠이 들었다.

참고 fall asleep 잠들다

022

fortune

n　운[행운] / 재산, 부

ex　**Fortune** favors the brave.

하늘[행운]은 용기 있는 자를 돕는다.

참고 adv. fortunately 운이 좋게도 | unfortunately 불행하게도

023

kindergarten

n　유치원

ex　Her son goes to **kindergarten**.

그녀의 아들은 유치원을 다닌다.

024

fairy

n　요정

ex　A **fairy** is flying to her.

한 요정이 그녀에게 날아가고 있다.

참고 fairy tale 이야기, 동화

DAY 3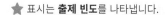

★ 표시는 **출제 빈도**를 나타냅니다.

025

firework

n 폭죽, 불꽃놀이

ex International **Fireworks** Festival
국제 불꽃놀이 축제

026

label

n 표[라벨/상표]　**v** 라벨을 붙이다

ex He tied a **label** on his suitcase.
그는 그의 여행가방에 이름표를 달았다.

027

homeless

adj 노숙자의

ex a night shelter for **homeless** people
노숙자들을 위한 야간 쉼터

028

instruction

n 지시, 설명

ex Follow the **instruction** carefully.
지시 사항을 세심히 따르세요.

029

direction

n 방향

ex We are heading to the same **direction**.
우리는 같은 방향으로 향하고 있다.

030

hour

n 시간

ex It took three **hours**.
세 시간이 걸렸다.

Practice

 1. 다음 단어들을 올바르게 연결하세요.

(1) kindergarten • • (a) 야영지, 캠프장

(2) firework • • (b) 유치원

(3) campsite • • (c) 폭죽, 불꽃놀이

(4) fairy • • (d) 노숙자의

(5) direction • • (e) 방향

(6) homeless • • (f) 요정

 2. 우리말에 맞게 빈칸을 완성하세요.

| afraid | activity | mine | difficult |

(1) She is _____ of many different things.

그녀는 많은 다른 것들을 **두려워한다**.

(2) She teaches _____ science topics.

그녀는 **어려운** 과학 주제들을 가르친다.

(3) What _____ can Rene use the coupons for?

Rene이 쿠폰을 사용할 수 있는 **활동**은 무엇인가?

(4) _____ is the black one.

내 것은 검정색 물건이다.

SELF TEST

01		사고	16		노숙자의
02	bridge		17	firework	
03	doll		18	direction	
04		밴드, 끈	19	asleep	
05		붕대	20		두려워하는
06	stamp		21	bagel	
07	candle		22		어려운, 힘든
08	other		23	address	
09		독수리	24		야영지, 캠프장
10		시간	25	better	
11	fairy		26	activity	
12		운, 재산	27	castle	
13		지시, 설명	28		나의 것
14	label		29	enjoy	
15	kindergarten		30	likely	

DAY 04

색상으로 8품사 구분하기

n	명사	noun		pron	대명사	pronoun
v	동사	verb		adj	형용사	adjective
adv	부사	adverb		conj	접속사	conjunction
prep	전치사	preposition		int	감탄사	interjection

n	channel		adv	enough		v	happen
v	paint		n	top		n	chocolate
adj	few		v	form		n	goat
n	guitar		adv	more		v	carve
n	bean		n	cashier		prep	among
pron	anyone		v	beat		n	education
n	dome		n	ceremony		n	Africa
n	strap		v	mark		n	parade
v	shiver		n	puzzle		n	schedule
v	simplify		v	reject		n	pole

DAY ❹

---

001 ★ ★ ★

channel

> n   채널
>
> ex   What is on **Channel** 5?
> 5번 채널에서 무엇을 방영중이니?

---

002 ★ ★ ★

enough

> adv   충분히, 충분한
>
> ex   Is this room big **enough**?
> 이 방은 충분히 크니?

---

003 ★ ★ ★

happen

> v   발생하다, 벌어지다
>
> ex   What **happened** in the end?
> 결국에 무슨 일이 일어났어?

---

004 ★ ★ ★

paint

> v   (페인트를)칠하다, 그리다   n   페인트, 그림물감
>
> ex.   I love to **paint** with watercolors.
> 나는 수채화로 그리는 것을 좋아한다.

---

005 ★ ★ ★

top

> n   맨 위, 꼭대기 / 상의   adj   맨 위의
>
> ex   We are at the **top** of the mountain.
> 우리는 산 꼭대기에 있다.

---

006 ★ ★ ★

chocolate

> n   초콜릿
>
> ex   **Chocolate** is sweet.
> 초콜릿은 달콤하다.

예문은 TOSEL 시험에 실제로 출제된 예문입니다.

---

007 ★★★

few

| adj | (수가) 많지 않은[적은] | n | 소수, 적은 수 |

ex Can you wait a **few** more seconds?
잠시만 더 기다려줄 수 있니?

참고 few 거의 없는, 적은 | a few 어느 정도, 약간

---

008 ★★★

form

| v | 형성되다, 구성되다 | n | 서식, 유형 |

ex They **form** four teams.
그들은 4개의 팀으로 구성된다.

---

009 ★★★

goat

| n | 염소 |

ex The lion ate the **goat**.
사자가 염소를 먹었다.

---

010 ★★★

guitar

| n | 기타 |

ex Raul can play the **guitar**.
Raul은 기타를 연주할 수 있다.

---

011 ★★★

more

| adv | 더(많이) |

ex We can think **more** clearly.
우리는 더 명확하게 생각할 수 있다.

---

012 ★★

carve

| v | 조각하다, 새기다[파다] |

ex Her hobby is **carving** a stone for a statue.
그녀의 취미는 조각상을 위해 돌을 조각하는 것이다.

⭐ 표시는 **출제 빈도**를 나타냅니다.

---

013 ⭐ ⭐

bean

n 콩

ex I have to buy some **beans** at the market.
나는 시장에서 콩을 조금 사야 한다.

참고 bean sprout 콩나물

---

014 ⭐ ⭐

cashier

n 출납원

ex Wait a minute in front of the **cashier** counter.
계산대 앞에서 잠시만 기다려주세요.

---

015 ⭐ ⭐

among

prep ~사이에, ~중에

ex Broccoli is the least popular vegetable **among** the students.
브로콜리는 학생들 사이에서 가장 인기가 없는 채소이다.

---

016 ⭐ ⭐

anyone

pron 누구나, 아무나

ex **Anyone** can use them.
누구나 그것들을 사용할 수 있다.

유 anybody 누구든지

---

017 ⭐ ⭐

beat

v 이기다   n 맥박, 리듬

ex Our team **beat** the opponent.
우리 팀이 상대편을 이겼다.

참고 beat - beat - beaten

---

018 ⭐ ⭐

education

n 교육

ex **education** for 14-16 age group
14-16세 연령대를 위한 교육

참고 physical education 체육

예문은 TOSEL 시험에 실제로 출제된 예문입니다.

019

dome

n 돔, 반구형 지붕[모양]

ex They live in a snow **dome** house.
그들은 눈으로 된 돔 모양 집에서 산다.

020

ceremony

n 의식, 식

ex When is the **ceremony**?
식이 언제니?

021

Africa

n 아프리카

ex his first visit to **Africa**
그의 아프리카 첫 방문

022

strap

n 끈[줄/띠]

ex Do you have a **strap**?
끈을 가지고 있니?

023

mark

v 표시하다   n 자국[흔적], 점, 표시

ex You must **mark** your answers on your answer sheet.
당신은 정답을 정답지에 표시해야만 한다.

024

parade

n 행진, 퍼레이드

ex St. Patrick's Day **Parade** in New York
뉴욕에서 열리는 성 패트릭 데이 행진

DAY 4

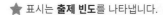

⭐ 표시는 **출제 빈도**를 나타냅니다.

025

shiver

v (추위, 두려움으로)(몸을)떨다

ex When you're cold, you **shiver**.
추울 때는 몸을 떤다.

026

puzzle

n 퍼즐, 수수께끼

ex a missing piece of the **puzzle**
퍼즐에서 잃어버린 한 조각

027

schedule

n 일정   v 계획하다

ex We have to think about the **schedule**.
우리는 일정에 대해서 생각해봐야 한다.

028

simplify

v 간소화[단순화]하다

ex She tends to **simplify** everything.
그녀는 모든 것을 단순화하는 경향이 있다.

029

reject

v 거부[거절]하다

ex I couldn't **reject** the call.
나는 그 전화를 거절할 수 없었다.

반 accept 받아들이다   유 refuse 거절하다

030

pole

n 기둥, 막대기, 극

ex Firefighters slid down the **pole**.
소방관들은 기둥을 타고 미끄러져 내려갔다.

참고 North Pole 북극

Practice

 1. 다음 단어에 알맞은 철자를 찾아 동그라미 쳐 보세요.

(1) 누구나, 아무나 (anyone, anywon, anione)

(2) 교육 (edusation, education, educasion)

(3) 간소화[단순화]하다 (simflify, simprify, simplify)

(4) 거부[거절]하다 (reject, leject, regect)

 2. 우리말에 맞게 빈칸을 완성하세요.

mark   top   guitar   carving

(1) **We are at the _____ of the mountain.**
우리는 산 **꼭대기**에 있다.

(2) **Raul can play the _____ .**
Raul은 **기타**를 연주할 수 있다.

(3) **Her hobby is _____ a stone for a statue.**
그녀의 취미는 조각상을 위해 돌을 **조각하는** 것이다.

(4) **You must _____ your answers on your answer sheet.**
당신은 정답을 정답지에 **표시해야**만 한다.

SELF TEST

01	anyone		16		채널
02		교육	17		발생하다
03		출납원	18	strap	
04	ceremony		19		일정, 계획하다
05		조각하다	20	paint	
06	guitar		21	top	
07	mark		22	few	
08		거부하다	23	shiver	
09	form		24	parade	
10		초콜릿	25	Africa	
11	puzzle		26		돔
12		간소화하다	27	beat	
13		기둥, 극	28	among	
14	goat		29		콩
15	enough		30	more	

DAY 05

색상으로 8품사 구분하기

n	명사	noun	pron	대명사	pronoun
v	동사	verb	adj	형용사	adjective
adv	부사	adverb	conj	접속사	conjunction
prep	전치사	preposition	int	감탄사	interjection

v live	adv maybe	n meal
n pen	prep until	adv again
adv already	n clay	pron everyone
adj excited	n application	n challenge
adj deep	n appointment	n barbecue
v deliver	v chase	v die
n can	adj boring	n temple
n volleyball	n whistle	n weight
adv only	n soil	n post office
n princess	n camel	n police station

DAY ⑤

⭐ 표시는 **출제 빈도**를 나타냅니다.

---

001 ⭐⭐⭐

live

| v | 살다, 거주하다 |

ex Where do penguins **live**?
펭귄은 어디에서 사는가?

---

002 ⭐⭐⭐

maybe

| adv | 아마도, 혹시, 어쩌면 |

ex **Maybe** we should cancel the game.
어쩌면 경기를 취소해야겠다.

---

003 ⭐⭐⭐

meal

| n | 식사[끼니] |

ex The meal was **delicious**.
그 식사는 맛있었다.

---

004 ⭐⭐⭐

pen

| n | 펜 |

ex I don't have a **pen**.
나는 펜을 가지고 있지 않다.

---

005 ⭐⭐⭐

until

| prep | conj | ~(때)까지 |

ex We should wait **until** 9.
우리는 9시까지 기다려야만 한다.

---

006 ⭐⭐⭐

again

| adv | 한 번 더, 다시 |

ex Can I tell you **again** in 15 minutes?
15분 뒤에 다시 말해도 될까?

예문은 TOSEL 시험에 실제로 출제된 예문입니다.

---

007 ★ ★ ★

already

`adv` **벌써, 이미**

`ex` You are **already** late for school.
너는 이미 학교에 지각했다.

---

008 ★ ★ ★

clay

`n` **점토, 찰흙**

`ex` I shaped **clay** into vases.
나는 찰흙으로 꽃병을 만들었다.

---

009 ★ ★ ★

everyone

`pron` **모든 사람, 모두**

`ex` **Everyone** in the building had to go outside.
건물에 있는 모든 인원은 밖으로 나가야 했다.

🄠 everybody

---

010 ★ ★ ★

excited

`adj` **신이 난, 들뜬**

`ex` He is very **excited**.
그는 매우 들뜬 상태이다.

---

011 ★ ★

application

`n` **지원(서) / 적용**

`ex` a college **application**.
대학 지원서

---

012 ★ ★

challenge

`n` **도전**

`ex` Nana did a food waste **challenge**.
Nana는 음식물 쓰레기 줄이기 도전을 했다.

DAY ❺

⭐ 표시는 **출제 빈도**를 나타냅니다.

---

013 ⭐⭐

deep

`adj` 깊은　`adv` 깊이, 깊은 곳에

`ex` The mud is **deep**.
그 진흙은 깊다.

---

014 ⭐⭐

appointment

`n` 약속

`ex` I have another **appointment** at 8.
나는 8시에 다른 약속이 있다.

---

015 ⭐⭐

barbecue

`n` 바비큐[숯불구이]

`ex` We will host a backyard **barbecue** party.
우리는 뒷뜰 바비큐 파티를 주최할 것이다.

---

016 ⭐⭐

deliver

`v` 배달하다

`ex.` What does Martin **deliver** to people?
Martin은 사람들에게 무엇을 배달하는가?

---

017 ⭐⭐

chase

`v` 뒤쫓다, 추적하다　`n` 추적, 추격

`ex` The farmer came and **chased** them.
농부가 와서 그들을 쫓았다.

---

018 ⭐⭐

die

`v` 죽다, 사망하다

`ex` a place for the rulers after they **died**
그들이 죽고 난 이후, 지배자들을 위한 공간

참고 n. death 죽음　　adj. dead 죽은

예문은 TOSEL 시험에 실제로 출제된 예문입니다.

---

019 ★ ★

can

| n | 통조림, 깡통, 캔 |

ex　We put the soup **cans** on the shelf.
우리는 수프 통조림들을 선반 위에 올려두었다.

---

020 ★ ★

boring

| adj | 지루한 |

ex　This movie is so **boring**.
이 영화는 너무 지루하다.

021

temple

| n | 사원, 신전 |

ex　We can't go into the **temple**.
우리는 사원 안으로 들어갈 수 없다.

022

volleyball

| n | 배구 |

ex　He played **volleyball** yesterday.
그는 어제 배구를 했다.

023

whistle

| n | 호각, 호루라기 / 호각 소리 | v | 휘파람을 불다 |

ex　The referee blew the **whistle**.
심판이 호각을 불었다.

024

weight

| n | 무게, 체중 |

ex　I've gained **weight** recently.
나는 최근에 체중이 늘었다.

참고　lose weight 체중이 줄다

DAY 5

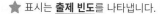

⭐ 표시는 **출제 빈도**를 나타냅니다.

025

only

| adv | 단지 | adj | 유일한, 오직 |

ex I **only** study at night.

나는 밤에만 공부한다.

026

soil

n 토양, 흙

ex We plowed the **soil**.

우리는 토양을 경작했다.

027

post office

n 우체국

ex She went to the **post office**.

그녀는 우체국에 갔다.

028

princess

n 공주

ex The **princess** lived in a castle.

공주는 성에서 살았다.

참고 prince 왕자

029

camel

n 낙타

ex We can see a **camel** in the desert.

우리는 사막에서 낙타를 볼 수 있다.

030

police station

n 경찰서

ex Where is the **police station**?

경찰서는 어디에 있나요?

유 police office

Practice

 1. 다음 단어들을 올바르게 연결하세요.

(1) **princess**   •   •   (a) **배달하다**

(2) **volleyball**   •   •   (b) **배구**

(3) **weight**   •   •   (c) **무게, 체중**

(4) **post office**   •   •   (d) **우체국**

(5) **police station**   •   •   (e) **공주**

(6) **deliver**   •   •   (f) **경찰서**

 2. 우리말에 맞게 빈칸을 완성하세요.

| soil | camel | again | chased |

(1) **Can I tell you** _____ **in 15 minutes?**

15분 뒤에 **다시** 말해도 될까?

(2) **The farmer came and** _____ **them.**

농부가 와서 그들을 **쫓았다**.

(3) **We can see a** _____ **in the desert.**

우리는 사막에서 **낙타**를 볼 수 있다.

(4) **We plowed the** _____ .

우리는 **토양**을 경작했다.

SELF TEST

01		배달하다
02	die	
03		약속
04	boring	
05	barbecue	
06	volleyball	
07	excited	
08		무게, 체중
09	soil	
10		점토, 찰흙
11	again	
12	pen	
13	princess	
14	police station	
15		낙타

16	post office	
17		단지, 유일한, 오직
18	whistle	
19	temple	
20		통조림, 깡통, 캔
21		뒤쫓다, 추적
22	live	
23		~(때)까지
24		벌써, 이미
25	everyone	
26		아마도, 혹시
27	application	
28	deep	
29	challenge	
30		식사[끼니]

TOSEL 실전문제 ①

QR코드를 인식시키면
음원이 재생됩니다

SECTION I. Listening and Speaking

PART A. Listen and Recognize

DIRECTIONS: For questions 1 to 3, listen to the sentences and choose the BEST picture. The sentences will be spoken **TWICE.**

지시 사항: 1번부터 3번까지는 단어 또는 문장을 듣고, 가장 알맞은 그림을 고르는 문제입니다. 문제는 **두 번씩** 들려줍니다.

1. • 2019 TOSEL 기출

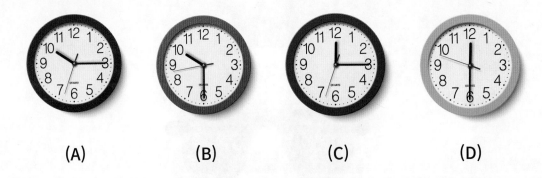

(A)　　　　　(B)　　　　　(C)　　　　　(D)

2.

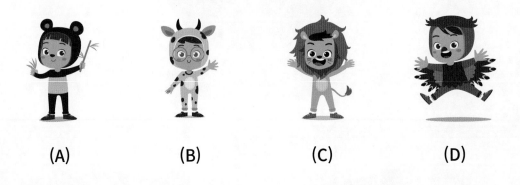

(A)　　　　　(B)　　　　　(C)　　　　　(D)

3. • 2019 TOSEL 기출

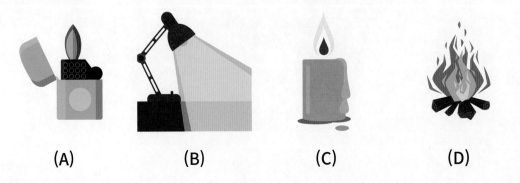

(A)　　　　　(B)　　　　　(C)　　　　　(D)

SECTION II. Reading and Writing

PART B. Situational Writing

DIRECTIONS: For questions 4 to 6, look at the pictures and complete the sentences. Choose the option that BEST completes each sentence.

지시 사항: 4번부터 6번까지는 그림을 보고 문장을 완성하는 문제입니다. 가장 알맞은 답을 고르세요.

4. • 2020 TOSEL 기출

The girl is hiding _____ the curtain.

(A) under

(B) behind

(C) on top of

(D) in front of

5.

My uncle is a _____.

(A) pilot

(B) doctor

(C) banker

(D) cashier

6.

Watch out! The hole is _____.

(A) deep

(B) clean

(C) messy

(D) different

CHAPTER 02

DAY 06

색상으로 8품사 구분하기

n	명사	noun	pron	대명사	pronoun
v	동사	verb	adj	형용사	adjective
adv	부사	adverb	conj	접속사	conjunction
prep	전치사	preposition	int	감탄사	interjection

n	noodle	n	pool	n	seat
adj	sorry	v	spend	adj	tired
adv	ago	n	camera	n	card
n	contest	v	stir	n	cherry
n	buffet	n	autumn	n	China
n	circus	n	broccoli	pron	either
n	coin	n	bottom	n	worker
n	fair	n	excuse	v	kill
n	cello	n	comic book	n	bead
n	treasure	n	furniture	v	mop

DAY **6**

⭐ 표시는 **출제 빈도**를 나타냅니다.

001	⭐⭐⭐

noodle

n **국수**

ex She likes **noodles**.
그녀는 국수를 좋아한다.

002	⭐⭐⭐

pool

n **수영장**

ex Get out of the **pool**.
수영장에서 나가 주세요.

003	⭐⭐⭐

seat

n **자리, 좌석**

ex This **seat** is empty.
이 자리는 비어있다.

004	⭐⭐⭐

sorry

adj **미안한, 유감스러운 / 안된, 안쓰러운**

ex I'm **sorry**. I forgot again.
미안해. 또 잊어버렸어.

005	⭐⭐⭐

spend

v **쓰다, 보내다, 소비하다**

ex How much time did Isaac **spend** eating?
Isaac은 먹는데 얼마나 많은 시간을 썼는가?

006	⭐⭐⭐

tired

adj **피곤한, 지친**

ex Why do you look so **tired**?
왜 그렇게 피곤해 보이니?

---

007 ★ ★ ★

ago

`adv`   **(얼마의 시간)전에**

`ex`   She was here a minute **ago**.
그녀는 1분 전에 여기 있었다.

---

008 ★ ★ ★

camera

`n`   **카메라**

`ex`   You just need a **camera**.
당신은 단지 카메라만 필요하다.

---

009 ★ ★ ★

card

`n`   **카드**

`ex`   She gave me a birthday **card**.
그녀는 나에게 생일카드를 주었다.

---

010 ★ ★ ★

contest

`n`   **대회, 시합**

`ex`   He won a writing **contest**.
그는 글짓기 대회에서 이겼다.

㊎ competition 경쟁

---

011 ★ ★

stir

`v`   **젓다, 섞다**

`ex`   **Stir** the sugar into the milk.
우유에 설탕을 섞어라.

---

012 ★ ★

cherry

`n`   **체리**

`ex`   Is that the one with the **cherry** toppings?
저게 체리 토핑이 있는 거야?

DAY 6

★ 표시는 **출제 빈도**를 나타냅니다.

---

013 ★ ★ ★

buffet

n 뷔페, 간이식당

ex We love eating at a **buffet**.
우리는 뷔페에서 먹는 것을 좋아한다.

---

014 ★ ★

autumn

n 가을

ex **Autumn** is coming soon.
가을이 곧 다가온다.

⑨ fall 가을

---

015 ★ ★

China

n 중국

ex It's in the south of **China**.
그곳은 중국의 남쪽에 있다.

---

016 ★ ★

circus

n 서커스단, 곡예단, 서커스

ex When is the **circus** coming to town?
마을에 서커스단이 언제 오니?

---

017 ★ ★

broccoli

n 브로콜리

ex I don't like eating **broccoli**.
나는 브로콜리 먹는 것을 좋아하지 않는다.

---

018 ★ ★

either

pron 어느 하나   adv …도[또한]

ex Ligers are much smaller than **either** of their parents.
라이거는 그들 부모 중 어느 하나보다도 훨씬 작다.

참고 either A or B: A이거나 B인, A든지 B든지

예문은 TOSEL 시험에 실제로 출제된 예문입니다.

019 ⭐ ⭐

coin

n 동전, 주화

ex We collect old **coins**.
우리는 오래된 동전을 수집한다.

---

020 ⭐ ⭐

bottom

n 맨 아래

ex The ship sank to the **bottom** of the sea.
그 배는 해저 밑으로 가라 앉았다.

021

worker

n 노동자, 일을 하는 사람

ex Our **workers** are proud of their job.
우리의 노동자들은 그들의 일에 자부심을 가지고 있다.

022

fair

n 박람회 **adj** 공정한

ex Why don't we go to a book **fair**?
책 박람회에 가지 않을래?

023

excuse

n 변명, 이유 **v** 용서하다

ex There's no **excuse** for lateness.
지각에는 어떠한 변명의 여지가 없다.

참고 Excuse me. 실례합니다.

024

kill

v 죽이다

ex The car **killed** a deer on the road.
그 자동차는 길에서 사슴을 죽였다.

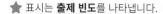

⭐ 표시는 **출제 빈도**를 나타냅니다.

025

cello

(n) **첼로**

(ex) A **Cello** is bigger than a violin.
첼로는 바이올린보다 크다.

026

comic book

(n) **만화책**

(ex) We want to read **comic books** after school.
우리는 방과후에 만화책을 읽고 싶다.

027

bead

(n) **구슬**

(ex) a necklace of wooden **beads**
나무 구슬을 꿴 목걸이

028

treasure

(n) **보물**

(ex) Where is the **treasure**?
보물은 어디에 있는가?

029

furniture

(n) **가구**

(ex) She wants to buy some new **furniture**.
그녀는 새로운 가구를 사기 원한다.

030

mop

(v) **대걸레로 닦다** (n) **대걸레**

(ex) This week, I have to **mop** the floor in the classroom.
이번 주에, 나는 교실 바닥을 닦아야만 한다.

Practice

 1. 다음 단어에 알맞은 철자를 찾아 동그라미 쳐 보세요.

(1) 가구 (fernitere, **furniture**, funiture)

(2) 변명, 이유, 용서하다 (**excuse**, exsuce, exkuse)

(3) 맨 아래 (botom, bottome, **bottom**)

(4) 대회, 시합 (kontest, **contest**, congtest)

 2. 우리말에 맞게 빈칸을 완성하세요.

| treasure | either | autumn | mop |

(1) Where is the   ?

보물은 어디에 있는가?

(2)   is coming soon.

가을이 곧 다가온다.

(3) Ligers are much smaller than   of their parents.

라이거는 그들 부모 중 **어느 하나** 보다도 훨씬 작다.

(4) This week, I have to   the floor in the classroom.

이번 주에, 나는 교실 바닥을 **닦아야**만 한다.

SELF TEST

01	mop		16		국수
02		어느 하나(의)	17		쓰다, 보내다, 소비하다
03	treasure		18	card	
04		서커스단	19	seat	
05	broccoli		20		(얼마의 시간)전에
06		가구	21	pool	
07	tired		22	camera	
08		미안한	23	stir	
09		대회, 시합	24		뷔페, 간이식당
10	autumn		25	China	
11	cherry		26		동전, 주화
12		노동자	27	fair	
13	kill		28	bottom	
14		변명, 이유	29		만화책
15		구슬	30		첼로

DAY 07

색상으로 8품사 구분하기

n	**명사**	noun		pron	**대명사**	pronoun
v	**동사**	verb		adj	**형용사**	adjective
adv	**부사**	adverb		conj	**접속사**	conjunction
prep	**전치사**	preposition		int	**감탄사**	interjection

n cookie	n hole	v must
adj final	n course	adv near
v fall	n mall	v create
n number	n clinic	n entry
n collection	v erase	n club
n farm	n habitat	n goose
n gas	adj fashionable	n copy
v sweep	n fork	n spoon
n chopsticks	n ceiling	n drawer
n exit	n jam	n olive

DAY

⭐ 표시는 **출제 빈도**를 나타냅니다.

---

001 ⭐⭐⭐

cookie

(n) **쿠키**

(ex) Children enjoy eating **cookies**.
아이들은 쿠키 먹는 것을 즐긴다.

---

002 ⭐⭐⭐

hole

(n) **구덩이, 구멍**

(ex) The basket had a very small **hole**.
그 바구니에 아주 작은 구멍이 있었다.

---

003 ⭐⭐⭐

must

(v) **~해야 한다**

(ex) You **must** come home early.
너는 집에 일찍 들어와야 한다.

---

004 ⭐⭐⭐

final

(adj) **마지막의, 최종적인**

(ex) The **final** match is scheduled for Saturday.
마지막 경기는 토요일로 예정되어 있다.

⊕ last 마지막의

---

005 ⭐⭐⭐

course

(n) **강의, 과정, 항로**

(ex) How long is the **course**?
그 과정은 얼마나 걸려?

---

006 ⭐⭐⭐

near

(adv) **가까이** (adj) **가까운**

(ex) The park is **near** a big river.
그 공원은 큰 강 근처에 있다.

007 ★★★ **fall**	v	**떨어지다, 넘어지다**
	ex	Last night, a lot of snow **fell**. 어젯밤 많은 눈이 내렸다. 참고 fall-fell-fallen

008 ★★★ **mall**	n	**쇼핑몰(전용 상점가)**
	ex	They went to the shopping **mall**. 그들은 쇼핑몰에 갔다.

009 ★★★ **create**	v	**창조하다**
	ex	It was **created** over 1,500 years ago. 이것은 1500년 보다 더 전에 만들어졌다. 유 make 만들다

010 ★★★ **number**	n	**수, 숫자**
	ex	Can I ask for your phone **number**? 너의 전화번호를 물어봐도 될까?

011 ★★ **clinic**	n	**병원, 진료소**
	ex	Who is taking Jack to the **clinic**? 누가 Jack을 병원에 데려가니?

012 ★★ **entry**	n	**입장, 출입, 가입**
	ex	**Entry** to the party is free. 파티의 입장료는 무료이다.

CHAPTER 02 Day 07

DAY 7

 표시는 **출제 빈도**를 나타냅니다.

---

013 ⭐⭐

collection

n 수집품

ex It's my favorite **collection**.
그것은 내가 가장 좋아하는 수집품이다.

---

014 ⭐⭐

erase

v 지우다

ex Don't **erase** the memo.
그 메모를 지우지 마.

---

015 ⭐⭐

club

n 클럽, 동호회

ex He wants to be in a soccer **club**.
그는 축구 동아리에 들어가고 싶어한다.

---

016 ⭐⭐

farm

n 농장, 농원

ex What kind of **farm** was it?
그것은 어떤 종류의 농장이었니?

---

017 ⭐⭐

habitat

n 거주지, 서식지

ex Lions and tigers do not live in the same **habitat**.
사자와 호랑이는 같은 서식지에서 살지 않는다.

---

018 ⭐⭐

goose

n 거위

ex There are some **geese** in the pond.
연못에 몇몇의 거위들이 있다.

참고 복수형: geese

---

019 ★★

gas

n 기체, 가스

ex She had a small **gas** stove and a cooking pot.
그녀는 작은 가스 레인지와 냄비를 가지고 있었다.

---

020 ★★

fashionable

adj 유행하는

ex Don't buy **fashionable** shoes.
유행하는 신발을 사지 마라.

유 popular 인기 있는

021

copy

n 복사(본)　v 복사하다

ex I got a **copy** of the paper.
나는 그 종이의 복사본을 받았다.

022

sweep

v 쓸다, 청소하다

ex You should **sweep** your room first.
너는 네 방을 먼저 청소 해야한다.

023

fork

n 포크

ex Eat with a knife and **fork**.
나이프와 포크로 식사해라.

참고 pork 돼지고기

024

spoon

n 숟가락, 스푼　v 숟가락으로 떠서 옮기다

ex It's hard to bend a **spoon**.
숟가락을 구부리는 것은 어려운 일이다.

★ 표시는 **출제 빈도**를 나타냅니다.

025

chopsticks

n **젓가락**

ex They use **chopsticks** to eat kimchi.
그들은 김치를 먹기 위해서 젓가락을 사용한다.

026

ceiling

n **천장**

ex He lives in a small room with a low **ceiling**.
그는 낮은 천장을 가진 작은 방에서 산다.

027

drawer

n **서랍**

ex It's in the **drawer**.
그것은 서랍 안에 있다.

028

exit

n **출구**   v **나가다**

ex Where is the **exit** of the building?
건물의 출구가 어디니?

029

jam

n **잼**

ex I like to put **jam** on my toast.
나는 토스트에 잼을 발라 먹는 것을 좋아한다.

030

olive

n **올리브(열매)**

ex I'm looking for **olive** oil.
올리브유를 찾고 있는 중이다.

Practice

 1. 다음 단어들을 올바르게 연결하세요.

(1) **goose**   •   • (a) 유행하는

(2) **copy**   •   • (b) 거위

(3) **chopsticks**   •   • (c) 복사하다

(4) **drawer**   •   • (d) 지우다

(5) **fashionable**   •   • (e) 서랍

(6) **erase**   •   • (f) 젓가락

 2. 우리말에 맞게 빈칸을 완성하세요.

entry	exit	number	sweep

(1) **Where is the _____ of the building?**

건물의 **출구**가 어디니?

(2) **Can I ask for your phone _____?**

너의 전화**번호**를 물어봐도 될까?

(3) **You should _____ your room first.**

너는 네 방을 먼저 **청소해**야 한다.

(4) **_____ to the party is free.**

파티의 **입장**료는 무료이다.

SELF TEST

01	spoon		16		강의, 과정
02	chopsticks		17		창조하다
03		수집품	18	number	
04	drawer		19		떨어지다
05		구덩이, 구멍	20	clinic	
06		~해야 한다	21	club	
07	entry		22	sweep	
08	copy		23		천장
09		마지막의	24		유행하는
10	exit		25	erase	
11		거주지, 서식지	26	goose	
12	olive		27		잼
13	gas		28	farm	
14		쿠키	29	mall	
15	near		30		포크

DAY 08

색상으로 8품사 구분하기

n	명사	noun	pron	대명사	pronoun
v	동사	verb	adj	형용사	adjective
adv	부사	adverb	conj	접속사	conjunction
prep	전치사	preposition	int	감탄사	interjection

n palace	v announce	n score
n town	adv still	n report
n weekend	n cartoon	n type
n restaurant	n cloud	n Europe
n fin	adj exact	n comment
adj common	n feather	n flag
v express	v confuse	n beef
n sauce	v shout	v pour
n situation	adj nervous	adj scared
n shark	n mermaid	n kangaroo

DAY ❽

⭐ 표시는 **출제 빈도**를 나타냅니다.

---

001 ★ ★ ★

palace

> n 궁전, 왕실, 대저택

> ex The **palace** was in the middle of the desert.
> 궁전은 사막 한가운데에 있었다.

---

002 ★ ★ ★

announce

> v 발표하다, 알리다, 선언하다

> ex The teacher **announced** the new rules.
> 선생님은 새 규칙들을 발표했다.

> 참고 n. announcement 발표, 선언

---

003 ★ ★ ★

score

> n 득점, 점수   v 득점하다

> ex Anya got the highest **score** in that subject.
> Anya는 저 과목에서 가장 높은 점수를 받았다.

---

004 ★ ★ ★

town

> n (소)도시, 읍

> ex She works for the poor people in the **town**.
> 그녀는 마을에서 가난한 사람들을 위해서 일한다.

---

005 ★ ★ ★

still

> adv 아직(도), 그런데도, 여전히

> ex We are **still** good friends.
> 우리는 여전히 좋은 친구이다.

---

006 ★ ★ ★

report

> n 보도, 보고서   v 발표하다, 알리다

> ex You can see the weather **report** on the website.
> 당신은 웹사이트에서 날씨 예보를 볼 수 있다.

예문은 TOSEL 시험에 실제로 출제된 예문입니다.

007 ★★★		
weekend	**n**	**주말**
	ex	The event will be on the **weekend**. 행사는 주말에 열릴 것이다.

008 ★★★		
cartoon	**n**	**만화**
	ex	She can watch **cartoons**. 그녀는 만화를 볼 수 있다.

009 ★★★		
type	**n**	**유형, 종류, 형(태)**
	ex	I can entertain you with different **types** of music. 나는 다른 종류의 음악으로 너를 즐겁게 해줄 수 있다.

010 ★★★		
restaurant	**n**	**식당**
	ex	I know a fine **restaurant**. 나는 괜찮은 식당을 알고 있다.

011 ★★		
cloud	**n**	**구름**
	ex	There were no **clouds** or wind. 구름도 바람도 없었다. 참고 adj. cloudy 흐린

012 ★★		
Europe	**n**	**유럽**
	ex	There are many countries in **Europe**. 유럽에는 많은 나라들이 있다.

CHAPTER 02   Day 08

DAY 8

★ 표시는 **출제 빈도**를 나타냅니다.

---

013 ★★

fin

n 지느러미

ex A fish has **fins**.
물고기는 지느러미를 가지고 있다.

---

014 ★★

exact

adj 정확한, 정밀한

ex I don't understand the **exact** meaning.
나는 정확한 의미를 이해할 수 없다.

참고 adv. exactly 정확히

---

015 ★★

comment

n 논평, 언급   v 논평하다, 견해를 밝히다

ex Do you have any **comments**?
더 할 말이 있니?

---

016 ★★

common

adj 흔한, 공동의, 공통의

ex Birds are the most **common** pet in the community.
새는 사회 공동체에서 가장 흔한 애완동물이다.

반 rare 희귀한

---

017 ★★

feather

n 깃털

ex A bird with black **feathers** flies across the street.
검은색 깃털을 가진 새가 거리를 가로질러 날아간다.

---

018 ★★

flag

n 깃발, 기

ex A **flag** was flying on the top of the building.
건물 꼭대기에서 깃발이 휘날리고 있었다.

---

019 ★ ★

v 표현하다   adj 급행의, 신속한

ex It is always important to **express** your feelings.
감정을 표현하는 것은 항상 중요하다.

express

---

020 ★ ★

v 혼란시키다, 혼동하다

ex I'm **confused**. Can you tell me that again?
헷갈려. 다시 말해 줄 수 있니?

confuse

021

n 소고기

ex Today's lunch is roast **beef**.
오늘 점심은 구운 소고기이다.

beef

022

n 소스

ex Enjoy your food with this white **sauce**.
이 하얀 소스와 함께 음식을 먹어라.

sauce

023

v 외치다, 소리 지르다 / (시끄러운) 소리를 내다

ex Don't **shout** in the museum.
박물관에서 큰 소리를 내지 마라.

shout

024

v 붓다[따르다]

ex Will you **pour** some water?
물 좀 따라 주겠니?

pour

DAY

★ 표시는 **출제 빈도**를 나타냅니다.

025

situation

(n) **상황, 처지, 환경**

(ex) What would you do in this **situation**?
이 상황에서 넌 어떻게 할거야?

026

nervous

(adj) **불안해하는 / 긴장하는**

(ex) He is too **nervous** to sleep.
그는 너무 긴장해서 잠을 잘 수 없다.

027

scared

(adj) **무서워하는, 겁먹은**

(ex) She was **scared** in the haunted house.
그녀는 귀신의 집에서 무서워했다.

028

shark

(n) **상어**

(ex) We can see **sharks** in the aquarium.
우리는 수족관에서 상어를 볼 수 있다.

029

mermaid

(n) **인어**

(ex) Children like "The Little **Mermaid**," a famous movie.
아이들은 유명한 영화인 인어공주를 좋아한다.

030

kangaroo

(n) **캥거루**

(ex) My dream is to see **kangaroos** in Australia.
내 꿈은 호주에서 캥거루를 보는 것이다.

Practice

 1. 다음 단어에 알맞은 철자를 찾아 동그라미 쳐 보세요.

(1) 발표하다, 알리다, 선언하다 〔 announce, announse, anounce 〕

(2) 주말 〔 wekend, weekend, workend 〕

(3) 식당 〔 restaurant, restorant, restorante 〕

(4) 깃털 〔 feader, fether, feather 〕

 2. 우리말에 맞게 빈칸을 완성하세요.

nervous	report	flag	common

(1) You can see the weather _____ on the website.
당신은 웹사이트에서 날씨 **예보**를 볼 수 있다.

(2) A _____ was flying on the top of the building.
건물 꼭대기에서 **깃발**이 휘날리고 있었다.

(3) Birds are the most _____ pet in the community.
새는 사회 공동체에서 가장 **흔한** 애완동물이다.

(4) He is too _____ to sleep.
그는 너무 **긴장해서** 잠을 잘 수 없다.

SELF TEST

01		아직(도)	16	announce	
02	weekend		17		유럽
03		궁전	18		흔한, 공동의
04	fin		19	express	
05		혼란시키다	20	sauce	
06		구름	21		만화
07	beef		22		발표하다, 보도
08		득점, 점수	23	situation	
09	feather		24		논평, 논평하다
10	kangaroo		25	shout	
11		식당	26		인어
12		붓다[따르다]	27	town	
13		겁먹은	28		정확한, 정밀한
14		유형, 종류	29	shark	
15	flag		30	nervous	

DAY 09

색상으로 8품사 구분하기

n	명사	noun
v	동사	verb
adv	부사	adverb
prep	전치사	preposition

pron	대명사	pronoun
adj	형용사	adjective
conj	접속사	conjunction
int	감탄사	interjection

pron	someone	n	case	adj	dear
n	dinosaur	v	decide	n	corn
v	enter	adv	down	n	fire
n	heaven	adj	correct	v	grab
adj	crazy	v	greet	n	counter
v	crack	n	headache	n	guy
n	height	n	folder	adj	mobile
n	roof	adj	terrible	adj	dangerous
adv	right	n	ladybug	n	German
v	shake	v	fail	adj	curly

DAY ❾

★ 표시는 **출제 빈도**를 나타냅니다.

001	★ ★ ★	

someone

pron	**어떤 사람, 누구**
ex	She asked **someone** for help.
	그녀는 누군가에게 도움을 요청했다.

002	★ ★ ★	

case

n	**통, 용기**
ex	Is this your pencil **case**?
	이 필통이 너의 것이니?

003	★ ★ ★	

dear

adj	**사랑하는, 소중한, (편지)…에게**
ex	**Dear** Raj. This email is from the Central Library.
	Raj님에게. 이 이메일은 중앙 도서관으로부터 왔습니다.

004	★ ★ ★	

dinosaur

n	**공룡**
ex	The walls have different **dinosaur** pictures.
	그 벽들에는 서로 다른 공룡 그림들이 그려져 있다.

005	★ ★ ★	

decide

v	**결정하다**
ex	She **decided** to go to the mountain.
	그녀는 산에 가기로 결정했다.

006	★ ★ ★	

corn

n	**옥수수, 곡물**
ex	He found a big basket full of **corn**.
	그는 옥수수로 가득 찬 커다란 바구니를 찾았다.

예문은 TOSEL 시험에 실제로 출제된 예문입니다.

CHAPTER 02　Day 09

007

enter

`v` 들어가다

`ex` Guests will have to pay six dollars to **enter**.
손님들은 들어가기 위해서 6달러를 지불해야만 할 것이다.

008

down

`adv` 아래로, 아래에

`ex` Put it **down** over there.
저기에 내려놓아라.

(반) up 위로

009

fire

`n` 불, 화재

`ex` If there is a **fire**, you should never go inside.
만약 불이 난다면, 당신은 절대 안으로 들어가면 안된다.

010

heaven

`n` 천국, 낙원

`ex` It's as if I were in **heaven**.
마치 천국에 있는 것 같다.

011

correct

`adj` 정확한, 옳은

`ex` You should learn to brush your teeth in a **correct** way.
너는 옳은 방법으로 양치하는 것을 배워야 한다.

참고 adv. correctly 바르게, 정확하게

012

grab

`v` 붙잡다, 움켜잡다

`ex` He **grabbed** the one he wanted.
그는 그가 원했던 것을 움켜잡았다.

Basic Book 1　87

⭐ 표시는 **출제 빈도**를 나타냅니다.

| 013 | ⭐⭐ | adj | **정상이 아닌, 미친** |

ex This book is about **crazy** things.
이 책은 정상적이지 않은 것들에 관한 것이다.

crazy

| 014 | ⭐⭐ | v | **환영하다, 맞다** |

ex Students **greet** each other in the classroom.
학생들이 교실에서 서로에게 인사한다.

greet

| 015 | ⭐⭐ | n | **계산대, 판매대** |

ex Show your identification at the **counter**.
계산대에서 당신의 신분증을 보여줘라.

counter

| 016 | ⭐⭐ | v | **갈라지다, 깨지다** |

ex This bottle is **cracked**.
이 물병은 깨져 있다.
㊀ break 깨어지다, 부서지다

crack

| 017 | ⭐⭐ | n | **두통** |

ex Take this medicine for your **headache**.
두통에는 이 약을 먹어라.

headache

| 018 | ⭐⭐ | n | **남자, 녀석, 사내 / (성별 구분없이) 사람** |

ex He is a really nice **guy**.
그는 정말 좋은 사람이다.
㊀ man (성인)남자

guy

예문은 TOSEL 시험에 실제로 출제된 예문입니다.

---

019 ⭐⭐

height

n 높이, (사람의)키

ex The doctor is checking my **height**.
의사가 나의 키를 확인하는 중이다.

---

020 ⭐

folder

n 서류철, 폴더

ex Put the picture in a **folder**.
사진을 폴더에 넣어라.

---

021 ⭐

mobile

adj 이동하는, 이동식의   **n** 휴대폰

ex Sam lives in a **mobile** home.
Sam은 이동식 집에 산다.

022

roof

n 지붕

ex My father goes to check the **roof**.
아버지께서 지붕을 확인해보러 가신다.

023

terrible

adj 끔찍한, 심한, 지독한

ex That's a really **terrible** thing to say.
그거 정말 끔찍한 말이구나.
㈜ bad 나쁜

024

dangerous

adj 위험한

ex It's **dangerous** to go out now.
지금 밖으로 나가는 것은 위험하다.
㈜ safe 안전한

★ 표시는 **출제 빈도**를 나타냅니다.

---

025 ★ ★

right

| adv | 정확히, 바로, 꼭 | adj | 옳은, 맞는 |

ex Do your homework **right** now!

지금 바로 너의 숙제를 해!

---

026 ★ ★

ladybug

n 무당벌레

ex Have you ever seen a **ladybug** before?

이전에 무당벌레를 본 적이 있어?

---

027 ★ ★

German

| n | 독일인 | adj | 독일의 |

ex She married a **German**.

그녀는 독일 사람과 결혼했다.

---

028 ★ ★

shake

v 흔들다

ex **Shake** the bottle before drinking.

마시기 전에 병을 잘 흔들어라.

---

029 ★ ★

fail

v 실패하다, ~하지 못하다

ex I **failed** the exam.

나는 시험에 통과하지 못했다.

🔄 succeed 성공하다

---

030 ★ ★

curly

adj 곱슬곱슬한

ex She has beautiful **curly** hair.

그녀는 아름다운 곱슬머리를 가졌다.

Practice

 1. 다음 단어들을 올바르게 연결하세요.

(1) ladybug •   • (a) 결정하다

(2) terrible •   • (b) 갈라지다, 깨지다

(3) folder •   • (c) 서류철, 폴더

(4) decide •   • (d) 끔찍한, 심한

(5) case •   • (e) 무당벌레

(6) crack •   • (f) 상자, 통, 용기

 2. 우리말에 맞게 빈칸을 완성하세요.

| mobile   crazy   corn   fire |

(1) **He found a big basket full of   .**
그는 **옥수수**로 가득 찬 커다란 바구니를 발견했다.

(2) **If there is a   , you should never go inside.**
만약 **불**이 난다면, 당신은 절대 안으로 들어가면 안된다.

(3) **This book is about   things.**
이 책은 **정상적이지 않은** 것들에 관한 것이다.

(4) **Sam lives in a   home.**
Sam은 **이동식** 집에 산다.

SELF TEST

01	correct		16	corn	
02		결정하다	17		환영하다, 맞다
03		들어가다	18	folder	
04		두통	19		공룡
05	terrible		20		높이, (사람의)키
06		상자, 통, 용기	21		움켜잡다
07	ladybug		22	crack	
08		계산대, 판매대	23		정확히, 바로
09	shake		24		어떤 사람, 누구
10		아래로, 아래에	25	curly	
11		(편지)…에게	26	mobile	
12		위험한	27		독일인, 독일의
13	guy		28		정상이 아닌
14	fail		29	fire	
15		천국, 낙원	30	roof	

DAY 10

색상으로 8품사 구분하기

n	명사	noun		pron	대명사	pronoun
v	동사	verb		adj	형용사	adjective
adv	부사	adverb		conj	접속사	conjunction
prep	전치사	preposition		int	감탄사	interjection

n	diamond	adj	high	n	hospital
n	idea	n	jar	adv	least
v	lift	n	lobby	n	passenger
n	platform	n	crowd	n	herb
adj	icy	n	hotel	n	crown
n	jewel	n	internet	n	hero
n	laundry	n	item	v	take off
n	goggles	n	golfer	n	drummer
n	daughter	n	watercolor	n	fact
n	lettuce	n	beverage	n	garlic

DAY ⑩

★ 표시는 **출제 빈도**를 나타냅니다.

---

001 ★ ★ ★

diamond

| n | 다이아몬드, 금강석 / 마름모꼴 |

ex He found a very big **diamond**.
그는 아주 거대한 다이아몬드를 발견했다.

---

002 ★ ★ ★

high

| adj | 높은 | adv | 높게 |

ex There are many **high** buildings in the city.
도시에는 높은 건물들이 많이 있다.

참고 highly 대단히, 매우

---

003 ★ ★ ★

hospital

| n | 병원 |

ex Why is Harry in the **hospital**?
Harry는 왜 병원에 있는 거야?

---

004 ★ ★ ★

idea

| n | 발상, 생각, 견해, 느낌 |

ex No, I have no **idea**.
아니. 나는 잘 모르겠어.

---

005 ★ ★ ★

jar

| n | 병[단지] |

ex You can take some chocolate from this **jar**.
이 병에서 초콜렛을 좀 가져가.

---

006 ★ ★ ★

least

| adv | 가장 적게, 최소로 | n | 가장 적은[것] |

ex At **least** twenty frogs were calling out.
적어도 20마리의 개구리가 우는 중이었다.

참고 at least 최소한

예문은 TOSEL 시험에 실제로 출제된 예문입니다.

---

007 ★ ★ ★

lift

 v (위로)들어 올리다, 올라가다   **n** 승강기, 엘리베이터

ex They **lifted** the net and escaped.
그들은 그물을 들어 올리고 탈출하였다.

---

008 ★ ★ ★

lobby

 n 로비(사람들을 만나거나 기다릴 수 있는 공간)

ex The **lobby** of the Blyton Hotel is beautiful.
Blyton 호텔의 로비는 아름답다.

---

009 ★ ★ ★

passenger

 n 승객

ex This **passenger** is going to Incheon.
이 승객은 인천으로 가는 중이다.

---

010 ★ ★ ★

platform

 n (기차역의)플랫폼 / 단, 연단, 강단

ex The train is going to arrive at the **platform**.
열차가 플랫폼으로 도착할 예정이다.

---

011 ★ ★

crowd

 n 군중, 무리   **v** 가득 메우다

ex He ran into the **crowd**.
그는 군중 속으로 달렸다.

---

012 ★ ★

herb

 n 허브, 약초, 향초

ex The **herb** garden will be open until 5 PM.
허브 정원은 오후 5시까지 열릴 것이다.

DAY ⑩

★ 표시는 **출제 빈도**를 나타냅니다.

---

013 ★ ★

icy

> adj **얼음같이 찬**
>
> ex I could not stand the **icy** wind.
> 나는 얼음장같은 바람을 견딜 수 없었다.

---

014 ★ ★

hotel

> n **호텔**
>
> ex Many people go to the **hotel** to relax.
> 많은 사람들은 휴식을 취하기 위해서 호텔에 간다.

---

015 ★ ★

crown

> n **왕관**
>
> ex The king lost his **crown**.
> 그 왕은 그의 왕관을 잃어버렸다.

---

016 ★ ★

jewel

> n **보석**
>
> ex Robbers are trying to steal the **jewels**.
> 강도들이 보석을 훔치려고 하고 있다.

---

017 ★ ★

internet

> n **인터넷**
>
> ex The video is about how to safely use the **internet**.
> 그 비디오는 인터넷을 안전하게 사용하는 방법에 관한 것이다.

---

018 ★ ★

hero

> n **영웅**
>
> ex In my dream, I met my **hero**.
> 꿈속에서 나는 나의 영웅을 만났다.

예문은 TOSEL 시험에 실제로 출제된 예문입니다.

019

laundry

n 세탁물, 세탁, 세탁소

ex The new robot can do **laundry**.
새로운 로봇은 빨래를 할 수 있다.

참고 do laundry 빨래를 하다

020

item

n 품목, 항목

ex The **item** looks very expensive.
그 물품은 대단히 비싸 보인다.

021

take off

v 이륙하다[날아오르다]

ex The plane is ready to **take off**.
비행기는 이륙할 준비를 마쳤다.

반 land 착륙하다

022

goggles

n 고글

ex You must wear swimming **goggles** in the pool.
수영장에서는 반드시 수경을 써야 한다.

023

golfer

n 골프 치는 사람, 골프 선수

ex My sister is preparing to be a **golfer**.
나의 여자형제는 골프 선수가 되기 위해 준비한다.

024

drummer

n 드럼 연주자

ex The **drummer** is carrying his drum.
드럼 연주자가 자신의 드럼을 들고 있다.

★ 표시는 **출제 빈도**를 나타냅니다.

025

daughter

n 딸

ex Her **daughter** is very smart.
그녀의 딸은 매우 똑똑하다.

026

watercolor

n 수채화, 수채화 그림물감

ex Today, we drew a picture using **watercolor**.
오늘, 우리는 수채화 그림물감을 사용하여 그림을 그렸다.

027

fact

n 사실

ex Movies based on **fact** are popular these days.
사실을 기반으로 한 영화들이 요즘 인기있다.

㈜ truth 진실

028

lettuce

n (양)상추

ex Please take the **lettuce** out of my hamburger.
제 햄버거에서 양상추를 빼주세요.

029

beverage

n 음료

ex Each person likes a different **beverage**.
각각의 사람들은 서로 다른 음료를 좋아한다.

030

garlic

n 마늘

ex I don't like the strong smell of **garlic**.
나는 강한 마늘 냄새를 좋아하지 않는다.

Practice

 1. 다음 단어에 알맞은 철자를 찾아 동그라미 쳐 보세요.

(1) 보석 (juwel, jower, jewel)

(2) 음료 (beverage, bevarege, beberage)

(3) 딸 (doughter, daughter, dowter)

(4) (양)상추 (lettuce, letuce, lettuse)

 2. 우리말에 맞게 빈칸을 완성하세요.

| take off | passenger | herb | laundry |

(1) **This** _____ **is going to Incheon.**

이 **승객**은 인천으로 가는 중이다.

(2) **The** _____ **garden will be open until 5 PM.**

허브 정원은 오후 5시까지 열릴 것이다.

(3) **The plane is ready to** _____ **.**

비행기는 **이륙할** 준비를 마쳤다.

(4) **The new robot can do** _____ **.**

새로운 로봇은 **빨래**를 할 수 있다.

SELF TEST

01		가장 적게	16	crowd	
02	passenger		17		얼음같이 찬
03		영웅	18		발상, 생각
04		왕관	19	lobby	
05	item		20	internet	
06		(기차역의)플랫폼	21	beverage	
07		다이아몬드	22		병원
08		드럼 연주자	23		고글
09	laundry		24	lettuce	
10		병[단지]	25		보석
11	watercolor		26	take off	
12		높은, 높게	27		(위로)들어 올리다
13	garlic		28	fact	
14		호텔	29		허브, 약초
15	golfer		30	daughter	

TOSEL 실전문제 ②

QR코드를 인식시키면
음원이 재생됩니다

SECTION I. Listening and Speaking

PART A. Listen and Recognize

DIRECTIONS: For questions 1 to 3, listen to the sentences and choose the BEST picture. The sentences will be spoken **TWICE.**

지시 사항: 1번부터 3번까지는 단어 또는 문장을 듣고, 가장 알맞은 그림을 고르는 문제입니다. 문제는 **두 번씩** 들려줍니다.

1. `• 2019 TOSEL 기출`

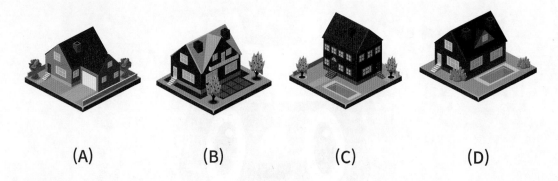

(A)　　　　　(B)　　　　　(C)　　　　　(D)

2. `• 2020 TOSEL 기출`

(A)　　　　　(B)　　　　　(C)　　　　　(D)

3.

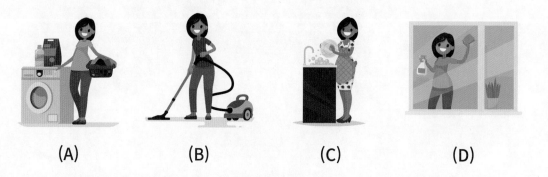

(A)　　　　　(B)　　　　　(C)　　　　　(D)

SECTION II. Reading and Writing

PART B. Situational Writing

DIRECTIONS: For questions 4 to 6, look at the pictures and complete the sentences. Choose the option that BEST completes each sentence.

지시 사항: 4번부터 6번까지는 그림을 보고 문장을 완성하는 문제입니다. 가장 알맞은 답을 고르세요.

4. • 2019 TOSEL 기출

Owen feels very _____.

(A) tired

(B) fresh

(C) brave

(D) active

5.

Don't forget to wear _____.

(A) gloves

(B) a scarf

(C) a mask

(D) goggles

6.

The plane is _____.

(A) giving up

(B) taking off

(C) landing on

(D) bringing in

CHAPTER 03

DAY 11

색상으로 8품사 구분하기

n	명사	noun	pron	대명사	pronoun
v	동사	verb	adj	형용사	adjective
adv	부사	adverb	conj	접속사	conjunction
prep	전치사	preposition	int	감탄사	interjection

v	press	adj	quiet	n	robe
n	side	adv	soon	adv	quite
n	thought	n	toast	n	violin
v	waste	n	leftover	adj	main
n	neighbor	n	mathematics	n	leopard
n	lifeguard	n	noon	n	media
adj	noisy	n	officer	n	tale
n	dictionary	n	newspaper	n	advice
n	travel	n	site	n	tofu
n	vegetarian	n	artwork	n	cotton

★ 표시는 **출제 빈도**를 나타냅니다.

001	★ ★ ★	
press	v	**누르다[눌리다]**
	ex	The button is hard to **press**.
		그 버튼은 누르기 어렵다.
		㈜ push (down) 누르다, 밀다

002	★ ★ ★	
quiet	adj	**조용한**
	ex	You have to be **quiet** in the evening.
		저녁에는 조용히 해야 한다.

003	★ ★ ★	
robe	n	**예복[가운]**
	ex	He found a long, black **robe**.
		그는 검은색의 긴 예복을 발견했다.

004	★ ★ ★	
side	n	**(어느 한)쪽, 옆, 측면, 가장자리**
	ex	They walked on the **side** of the road.
		그들은 도로의 가장자리에서 걷고 있었다.
		참고 side by side 나란히, 함께

005	★ ★ ★	
soon	adv	**곧, 머지않아**
	ex	I hope he gets better **soon**.
		나는 그가 곧 나아지기를 희망한다.

006	★ ★ ★	
quite	adv	**꽤, 상당히**
	ex	It is **quite** expensive.
		이건 상당히 비싸다.

007 ★★★

thought

 생각

ex Let's share our **thoughts** on the issue.
그 쟁점에 대해서 우리의 생각을 공유하자.

---

008 ★★★

toast

 토스트

ex Do you want eggs on your **toast**?
토스트에 계란 올려드릴까요?

---

009 ★★★

violin

 바이올린

ex I have a **violin** lesson at 4:30.
나는 4시 30분에 바이올린 강습이 있다.

---

010 ★★★

waste

v 낭비하다   n 낭비, 쓰레기

ex They tried to **waste** less food.
그들은 음식물 쓰레기를 줄이기 위해서 노력했다.

---

011 ★★

leftover

 남은 음식, 잔재

ex They used **leftovers** for lunch the next day.
그들은 다음날 점심으로 남은 음식을 사용했다.

---

012 ★★

main

adj 가장 큰[중요한], 주된

ex The **main** character always wears a hat.
그 주인공은 항상 모자를 쓴다.

CHAPTER 03   Day 11

DAY **11**

---

013 ★ ★

neighbor

n 이웃(사람)

ex She looks after her **neighbor**'s pets.
그녀는 이웃의 애완동물을 돌봐준다.

---

014 ★ ★

mathematics

n 수학, 계산

ex My favorite subject is **mathematics**.
내가 가장 좋아하는 과목은 수학이다.

---

015 ★ ★

leopard

n 표범

ex The **leopard** usually hunts at night.
표범은 보통 밤에 사냥한다.

---

016 ★ ★

lifeguard

n 인명 구조원(안전 요원)

ex What does the **lifeguard** ask swimmers to do?
안전요원이 수영하는 사람들에게 무엇을 요청하는가?

---

017 ★ ★

noon

n 정오, 낮 12시

ex Which dish can customers order at **noon**?
정오에 손님이 주문할 수 있는 음식은 무엇인가?

---

018 ★ ★

media

n 매체[미디어/대중매체]

ex Hanna uses social **media**.
Hanna는 소셜 미디어를 사용한다.

참고 단수형: medium

---

019 ⭐⭐

noisy

adj **시끄러운**

ex Why is it so **noisy**?
왜 이렇게 시끄러운 거야?

---

020 ⭐⭐

officer

n **장교, 담당자, 경찰관**

ex He wants to be a police **officer**.
그는 경찰관이 되고 싶어한다.

021

tale

n **이야기**

ex I love listening to my grandfather's **tale**.
나는 나의 할아버지의 이야기를 듣는 것이 좋다.

022

dictionary

n **사전**

ex He usually takes his **dictionary**.
그는 보통 그의 사전을 들고 다닌다.

023

newspaper

n **신문**

ex Will you give me a **newspaper**?
신문 좀 건네줄 수 있겠니?

024

advice

n **조언, 충고**

ex The teacher gave me some **advice**.
선생님께서 나에게 조언을 해주셨다.

CHAPTER 03　Day 11

★ 표시는 **출제 빈도**를 나타냅니다.

025

travel

| n | 여행 | v | 여행하다 |

ex We are setting our vacation **travel** plans.
우리는 방학 여행 계획을 세우고 있다.

㊥ trip (짧은) 여행

026

site

| n | 위치, 현장 | v | 위치시키다 |

ex The **site** is being developed for the cafeteria.
그 장소는 구내식당을 위해서 개발되고 있다.

027

tofu

| n | 두부 |

ex **Tofu** is good for your health.
두부는 당신의 건강에 좋다.

028

vegetarian

| n | 채식주의자 |

ex Is there a menu for **vegetarians**?
채식주의자를 위한 메뉴가 있니?

029

artwork

| n | 미술품 |

ex They are looking at a famous **artwork**.
그들은 유명한 미술 작품을 보고 있다.

030

cotton

| n | 목화, 면직물 |

ex This shirt was made of **cotton**.
이 셔츠는 면으로 만들어졌다.

Practice

 1. 다음 단어들을 올바르게 연결하세요.

(1) **artwork**   •　　　　　　•　(a) **조언, 충고**

(2) **advice**   •　　　　　　•　(b) **미술품**

(3) **officer**   •　　　　　　•　(c) **수학, 계산**

(4) **quite**   •　　　　　　•　(d) **장교, 담당자**

(5) **leftover**   •　　　　　　•　(e) **꽤, 상당히**

(6) **mathematics** •　　　　　　•　(f) **남은 음식, 잔재**

 2. 우리말에 맞게 빈칸을 완성하세요.

noon	tale	travel	site

(1) **Which dish can customers order at   ?**
　　정오에 손님이 주문할 수 있는 음식은 무엇인가?

(2) **The   is being developed for the cafeteria.**
　　그 **장소**는 구내식당을 위해서 개발되고 있다.

(3) **I love listening to my grandfather's   .**
　　나는 나의 할아버지의 **이야기**를 듣는 것이 좋다.

(4) **We are setting our vacation   plans.**
　　우리는 방학 **여행** 계획을 세우고 있다.

SELF TEST

01	vegetarian		16		위치, 현장
02	waste		17	artwork	
03		꽤, 상당히	18		생각
04	tale		19		예복[가운]
05		두부	20	advice	
06		수학, 계산	21	lifeguard	
07	noon		22		누르다[눌리다]
08	cotton		23	noisy	
09		남은 음식, 잔재	24	travel	
10		이웃(사람)	25		토스트
11	side		26		장교, 경찰관
12	newspaper		27	main	
13		조용한	28		매체[대중매체]
14		바이올린	29	leopard	
15	dictionary		30		곧, 머지않아

DAY 12

색상으로 8품사 구분하기

n	명사	noun	pron	대명사	pronoun
v	동사	verb	adj	형용사	adjective
adv	부사	adverb	conj	접속사	conjunction
prep	전치사	preposition	int	감탄사	interjection

adj	welcome	prep	above	n	bicycle
n	Australia	n	chimney	n	album
n	choice	n	America	adj	colorful
n	community	n	list	v	melt
adj	low	n	mushroom	v	locate
n	parcel	adj	official	n	mineral
n	mud	n	pea	adj	juicy
n	peanut	n	tone	n	cruise
v	solve	n	fee	n	fence
n	toad	n	oil	n	cactus

DAY 12

★ 표시는 **출제 빈도**를 나타냅니다.

---

001 ★ ★ ★

welcome

| adj | 환영받는 | v | 환영하다 |

ex Guests are **welcome** to bring their pets.
손님들은 애완동물을 데려와도 좋습니다.

참고 You're welcome 천만에요.

---

002 ★ ★ ★

above

| prep | ~보다 위에 | adv | 위에[위로] |

ex You can find it **above** the bookshelf.
너는 그것을 책장 위에서 발견할 수 있을 것이다.

유 over ~위에, ~너머로

---

003 ★ ★ ★

bicycle

n 자전거

ex I need a new **bicycle**.
나는 새 자전거가 필요하다.

---

004 ★ ★ ★

Australia

n (국가) 호주

ex I bought an instrument created by the native people of **Australia**.
나는 호주 원주민들에 의해서 만들어진 악기를 샀다.

---

005 ★ ★ ★

chimney

n 굴뚝

ex The house with a **chimney** was built in 1970.
굴뚝이 있는 그 집은 1970년에 지어졌다.

---

006 ★ ★ ★

album

n 앨범

ex I put all of them into **albums**.
나는 그것들을 전부 앨범에 집어 넣었다.

---

007 ★★★	
choice	**선택, 선택권**
	ex Play a game of your **choice**. 네가 선택한 게임을 해라.

008 ★★★	
America	**아메리카, 미국**
	ex I lived in **America** when I was young. 나는 어렸을 때 미국에서 살았다.

009 ★★★	
colorful	**형형색색의, 다채로운**
	ex The pictures are very **colorful**. 사진들이 매우 다채롭다.

010 ★★★	
community	**공동체, 지역 사회**
	ex Over half of the pets in the **community** are dogs. 지역 사회의 애완동물 중 절반 이상은 개이다.

011 ★★	
list	**목록, 명단**
	ex They made grocery **lists**. 그들은 식료품 목록을 만들었다.

012 ★★	
melt	**녹다[녹이다]**
	ex The ice is beginning to **melt**. 얼음이 녹기 시작하고 있다.

CHAPTER 03　Day 12

★ 표시는 **출제 빈도**를 나타냅니다.

---

013 ★ ★

low

| adj | 낮은 | adv | 낮게 |

ex The ceiling is **low**, so I hit my head.
천장이 낮아서, 머리를 부딪혔다.

---

014 ★ ★

mushroom

n 버섯

ex I'd like a bowl of **mushroom** soup.
저는 버섯 스프로 할게요.

---

015 ★ ★

locate

v 위치를 찾아내다, 두다, 설치하다

ex They are **located** in the desert.
그것들은 사막에 위치해있다.

---

016 ★ ★

parcel

| n | 소포 | v | 소포[꾸러미]를 싸다 |

ex I'm waiting for my **parcel**.
나는 내 소포를 기다리는 중이다.

---

017 ★ ★

official

adj 공식적인

ex You should check only the **official** information.
당신은 공식적인 정보만을 확인해야 한다.

---

018 ★ ★

mineral

n 광물, 무기물, 미네랄

ex A glass of **mineral** water, please.
광천수 한 잔 주세요.

019

mud

| n | 진흙 |

ex Who got **mud** all over my bike?
누가 내 자전거에 진흙을 묻혔어?

020

pea

| n | 완두콩 |

ex She grows **peas** in her garden.
그녀는 정원에서 완두콩을 재배한다.

021

juicy

| adj | 즙[물기]이 많은 |

ex The steak is really **juicy**.
그 스테이크는 정말 육즙이 가득하다.

022

peanut

| n | 땅콩 |

ex I like **peanut** butter on my toast.
나는 토스트에 땅콩 버터를 발라 먹는 것을 좋아한다.

023

tone

| n | 어조, 말투 |

ex Your **tone** of speech was nice.
당신의 발표 어조는 좋았다.

024

cruise

| n | 유람선 여행 | v | 유람선을 타다 |

ex There are many people on the **cruise**.
유람선 위에 많은 사람들이 있다.

⭐ 표시는 **출제 빈도**를 나타냅니다.

025

solve

(v) **해결하다, 풀다**

(ex) This problem is hard to **solve**.
이 문제는 해결하기에 어렵다.

026

fee

(n) **수수료, 요금**

(ex) There is no entrance **fee** to the museum.
그 박물관에는 입장료가 없다.

027

fence

(n) **울타리**

(ex) We'll fix all the **fences** around the farm.
우리는 농장 주위의 모든 울타리들을 고칠 것이다.

028

toad

(n) **두꺼비**

(ex) What is the difference between a frog and a **toad**?
개구리와 두꺼비의 차이는 무엇인가?

029

oil

(n) **기름, 오일**

(ex) **Oil** and water do not mix together.
기름과 물은 함께 섞이지 않는다.

030

cactus

(n) **선인장**

(ex) A **cactus** can live a long time without water.
선인장은 물 없이도 오랫동안 살 수 있다.

Practice

 1. 다음 단어에 알맞은 철자를 찾아 동그라미 쳐 보세요.

(1) 버섯 〔 mushroom, mashroom, meshroom 〕

(2) 광물, 무기물, 미네랄 〔 minarel, mineral, minnerale 〕

(3) 선인장 〔 cactus, cactas, cactuse 〕

(4) 어조, 말투, 분위기 〔 torn, tone, ton 〕

 2. 우리말에 맞게 빈칸을 완성하세요.

peanut   fee   solve   oil

(1) I like _____ butter on my toast.

나는 토스트에 **땅콩** 버터를 발라 먹는 것을 좋아한다.

(2) There is no entrance _____ to the museum.

그 박물관에는 **입장료**가 없다.

(3) _____ and water do not mix together.

기름과 물은 함께 섞이지 않는다.

(4) This problem is hard to _____.

이 문제는 **해결하기** 어렵다.

SELF TEST

01		호주	16		선택, 선택권
02	melt		17		버섯
03	locate		18	colorful	
04	mineral		19		앨범
05		공동체, 지역사회	20	mud	
06		울타리	21	solve	
07	juicy		22	parcel	
08		굴뚝	23		환영하다
09	toad		24		목록, 명단
10		자전거	25	cruise	
11		기름, 오일	26	low	
12		공식적인	27		선인장
13	tone		28		~보다 위에
14		아메리카, 미국	29	fee	
15		땅콩	30		완두콩

DAY 13

색상으로 8품사 구분하기

n	명사	noun	pron	대명사	pronoun
v	동사	verb	adj	형용사	adjective
adv	부사	adverb	conj	접속사	conjunction
prep	전치사	preposition	int	감탄사	interjection

v	cost	adj	easy	n	experiment
pron	everything	n	cycle	adv	far
adj	female	adv	even	n	customer
v	fight	n	opera	n	password
v	peel	v	quit	n	pop
n	radio	adj	physical	v	raise
n	post	v	return	v	connect
n	pattern	v	recycle	n	recipe
adj	ripe	n	rooster	n	calorie
n	section	n	hay	n	spine

DAY **13**

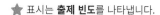

★ 표시는 **출제 빈도**를 나타냅니다.

---

001 ★ ★ ★

cost

v **(값이) …이다, 들다**　n **값, 비용**

ex How much does this book **cost**?
이 책은 얼마니?

㈜ price 값, 가격

---

002 ★ ★ ★

easy

adj **쉬운**

ex She makes them very **easy** and fun.
그녀는 그것들을 아주 쉽고 재미있게 만든다.

㈜ difficult 어려운

---

003 ★ ★ ★

experiment

n **실험**　v **실험을 하다**

ex The **experiment** was about flowers.
그 실험은 꽃에 관한 것이었다.

---

004 ★ ★ ★

everything

pron **모든 것, 모두**

ex **Everything** in the book is new for me.
그 책에 있는 모든 것은 나에게 새롭다.

---

005 ★ ★ ★

cycle

n **순환, 자전거**　v **자전거를 타다**

ex We will study the life **cycle** of butterflies.
우리는 나비의 삶의 주기에 대해서 공부할 것이다.

---

006 ★ ★ ★

far

adv **멀리, 떨어져**

ex How **far** is the park from here?
여기서 공원까지 얼마나 멀어?

---

007 ★★★

female

 여성인, 암컷의 여성

ex **Female** lions have no mane on their neck.
암컷 사자는 목에 갈기가 없다.

반 male 남성인, 수컷의

---

008 ★★★

even

adv …도[조차], 심지어 / 훨씬

ex She **even** sleeps in my bed!
그녀는 심지어 내 침대에서 자!

---

009 ★★★

customer

n 손님, 고객

ex The store is full of **customers**.
그 가게는 손님들로 가득 찼다.

---

010 ★★★

fight

v 싸우다 n 싸움

ex Two monkeys were **fighting** over a banana.
원숭이 두 마리가 바나나 한 개를 두고 싸우는 중이었다.

---

011 ★★

opera

n 오페라, 가극

ex I can hear her singing songs from **opera**.
나는 그녀가 오페라 노래 부르는 것을 들을 수 있다.

---

012 ★★

password

n 비밀번호

ex Do not share your **password** with others.
다른 사람들과 당신의 비밀번호를 공유하지 마세요.

CHAPTER 03　Day 13

★ 표시는 **출제 빈도**를 나타냅니다.

---

013 ★ ★

peel

| v | 껍질을 벗기다, 깎다 | | n | 껍질 |

ex **Peel** off the orange before eating it.
오렌지를 먹기 전 껍질을 벗기세요.

---

014 ★ ★

quit

| v | 그만두다, 떠나다 |

ex I might **quit** the team.
나는 팀을 그만둘 수도 있어.

㈜ leave 떠나다

---

015 ★ ★

pop

| n | 팝(음악) | | v | 펑 하는 소리가 나다 |

ex She wanted to be a **pop** star.
그녀는 팝 스타가 되기를 원했다.

참고 pop up 불쑥 나타나다

---

016 ★ ★

radio

| n | 라디오 |

ex What is the boy listening to on the **radio**?
소년은 라디오에서 무엇을 듣고 있는가?

---

017 ★ ★

physical

| adj | 육체의, 신체의 / 물질[물리]적인 |

ex He was afraid of **physical** contact.
그는 신체적인 접촉을 두려워했다.

참고 physical education 체육

---

018 ★ ★

raise

| v | 일으키다, 들어올리다 / 기르다 |

ex **Raise** your hand if you need anything.
필요한게 있으면 손을 드세요.

019 ★ ★

post

| n | 우편, 우편물 | v | 발송하다 |

ex My mom works at the **post** office.
나의 어머니께서는 우체국에서 일하신다.

020 ★ ★

return

| v | 돌아오다, 반납하다 |

ex Please **return** the books by this Friday.
이번 주 금요일까지 책들을 반납하세요.

021

connect

| v | 연결하다 |

ex Frist, **connect** the cable and turn it on.
먼저, 케이블을 연결하고 전원을 켜세요.

022

pattern

| n | 양식, 패턴 | v | 무늬를 만들다 |

ex I like the **pattern** of your shirt.
나는 너의 셔츠의 패턴이 마음에 든다.

023

recycle

| v | 재활용하다 |

ex We should **recycle** cans and paper.
우리는 캔과 종이를 재활용 해야 한다.

024

recipe

| n | 조리[요리]법 |

ex Popular restaurants have their own secret **recipe**.
인기있는 식당들은 그들만의 비밀 요리법을 가지고 있다.

CHAPTER 03　Day 13

025

ripe

| adj | **익은, 숙성한** |

ex It's really delicious and **ripe**.
정말 맛있고 잘 익었다.

026

rooster

| n | **수탉** |

ex There are many stories about the **rooster**.
수탉에 관련된 많은 이야기들이 있다.

⊕ hen 암탉

027

calorie

| n | **열량, 칼로리** |

ex She only drinks low-**calorie** beverages.
그녀는 저칼로리 음료만 마신다.

028

section

| n | **부분, 구획** |

ex We'll study the listening **section** today.
오늘 우리는 듣기 부분을 공부할 것이다.

⊕ part 부분, 일부

029

hay

| n | **건초** |

ex A cart filled with **hay** passed the farm.
건초가 가득 찬 수레가 농장을 지나쳤다.

030

spine

| n | **등뼈, 등, 척추** |

ex The **spine** is one of the most important body parts.
척추는 우리 몸에서 가장 중요한 부분들 중 하나이다.

⊕ backbone 등뼈, 척추

Practice

 1. 다음 단어들을 올바르게 연결하세요.

(1) **calorie** •	• (a) **여성인, 여성**
(2) **rooster** •	• (b) **비밀번호**
(3) **hay** •	• (c) **라디오**
(4) **radio** •	• (d) **건초**
(5) **female** •	• (e) **수탉**
(6) **password** •	• (f) **열량, 칼로리**

 2. 우리말에 맞게 빈칸을 완성하세요.

recycle	ripe	return	even

(1) It's really delicious and _____.

정말 맛있고 잘 **익었다**.

(2) Please _____ the books by this Friday.

이번주 금요일까지 책들을 **반납하세요**.

(3) She _____ sleeps in my bed!

그녀는 **심지어** 내 침대에서 자!

(4) We should _____ cans and paper.

우리는 캔과 종이를 **재활용** 해야 한다.

SELF TEST

01	far		16		싸우다, 싸움
02		팝(음악)	17	recycle	
03	spine		18		손님, 고객
04		연결하다	19	calorie	
05		모든 것, 모두	20		일으키다
06		조리[요리]법	21		(값이) …이다, 들다
07	radio		22	section	
08		오페라, 가극	23		비밀번호
09		실험을 하다	24		그만두다
10		심지어, 훨씬	25	pattern	
11	ripe		26	post	
12		쉬운	27		자전거, 순환
13	rooster		28		육체의, 신체의
14	peel		29	hay	
15		돌아오다	30		여성인, 암컷의

DAY 14

색상으로 8품사 구분하기

n	명사	noun	pron	대명사	pronoun
v	동사	verb	adj	형용사	adjective
adv	부사	adverb	conj	접속사	conjunction
prep	전치사	preposition	int	감탄사	interjection

n	forest	n	frame	n	gate
n	grasshopper	adj	huge	n	India
adv	instead	n	instrument	n	key
v	lock	n	root	n	salon
n	sausage	adj	tasty	n	routine
n	tea	n	scissors	n	view
n	wallet	n	village	n	mosquito
n	alligator	n	cricket	n	dragonfly
n	donkey	n	forecast	n	flame
n	shadow	n	planet	n	sunset

001	⭐⭐⭐

n 숲

ex We set up a base camp in the **forest**.
우리는 숲에 베이스 캠프를 만들었다.

forest

002	⭐⭐⭐

n 틀[액자], 뼈대

ex I should get the **frame** for the family photo.
나는 가족 사진을 위한 액자를 사야한다.

frame

003	⭐⭐⭐

n 문, 정문, 대문

ex The castle has a black **gate**.
그 성은 검은색 대문을 가지고 있다.

gate

004	⭐⭐⭐

n 메뚜기

ex The **grasshopper** had no food to eat.
메뚜기는 먹을 음식이 없었다.

grasshopper

005	⭐⭐⭐

adj 막대한, 거대한

ex Wow, this ice rink is **huge**!
와, 이 스케이트장은 거대하다!
ⓤ large

huge

006	⭐⭐⭐

n 인도

ex I'm going to **India** next month.
나는 다음 달에 인도에 갈 예정이다.

India

007 ★ ★ ★

instead

adv 대신에

ex Then let's go camping **instead**.
그럼 대신에 캠핑 하러 가자.

---

008 ★ ★ ★

instrument

n 기구

ex What **instrument** can Raul play now?
Raul이 지금 연주할 수 있는 악기는 무엇인가?

---

009 ★ ★ ★

key

n 열쇠, 키

ex I lost the **key** for the bedroom.
나는 침실 열쇠를 잃어버렸다.

---

010 ★ ★ ★

lock

v 잠그다[잠기다]   n 자물쇠

ex The door is **locked** every night.
그 문은 매일 밤마다 잠겨있다.
⊕unlock 열다

---

011 ★ ★

root

n 뿌리   v 뿌리를 내리다

ex **Roots** take in water from the ground.
뿌리는 땅으로부터 물을 흡수한다.

---

012 ★ ★

salon

n (미용실 같은)상점

ex My friend wants to work at a hair **salon**.
내 친구는 미용실에서 일하기를 원한다.

CHAPTER 03   Day 14

DAY 14

★ 표시는 **출제 빈도**를 나타냅니다.

---

013 ★ ★

sausage

n 소시지

How much is this **sausage**?

이 소시지는 얼마니?

---

014 ★ ★

tasty

adj 맛있는

She brings **tasty** cookies.

그녀는 맛있는 쿠키를 가지고 온다.

---

015 ★ ★

routine

n 틀, 일상 adj 일상의

You should check your daily **routine**.

당신의 일상 생활을 확인해볼 필요가 있다.

---

016 ★ ★

tea

n 찻잎, 차

Have some warm **tea** for your cold.

감기를 위해서 따뜻한 차를 마셔라.

---

017 ★ ★

scissors

n 가위

My **scissors** are sharper.

내 가위는 더 날카롭다.

---

018 ★ ★

view

n 시야, 경관 v 보다

You can see the **view** from here.

여기서 경치를 볼 수 있다.

예문은 TOSEL 시험에 실제로 출제된 예문입니다.

019 ★★	n 지갑
wallet	ex Did you see my **wallet** on the table? 탁자 위에서 내 지갑 봤니?

020 ★★	n 마을
village	ex The lion left the **village**. 사자는 마을을 떠났다.

021	n 모기
mosquito	ex It's just a **mosquito** bite. 단지 모기한테 물린 거야.

022	n 악어
alligator	ex **Alligators** have long bodies. 악어는 긴 몸을 가지고 있다.

023	n 귀뚜라미
cricket	ex I saw a **cricket** on my way home. 집으로 오는 길에 귀뚜라미를 봤다.

024	n 잠자리
dragonfly	ex We were trying to catch a **dragonfly**. 우리는 잠자리를 잡으려고 했었다.

CHAPTER 03 Day 14

⭐ 표시는 **출제 빈도**를 나타냅니다.

025	**donkey**	n 당나귀
		ex The farmer sold the **donkey**.
		농부는 당나귀를 팔았다.

026	**forecast**	n 예측 v 예측하다
		ex I don't believe the weather **forecast**.
		나는 일기예보를 믿지 않는다.

027	**flame**	n 불길, 불꽃 v 타오르다
		ex The hot fire had red **flames**.
		뜨거운 불은 붉은 불꽃을 가지고 있었다.

028	**shadow**	n 그림자, 어둠
		ex We can play with our **shadow**.
		우리는 우리의 그림자를 가지고 놀 수 있어.

029	**planet**	n 행성
		ex There are **planets** orbiting the sun.
		태양 주위를 도는 행성들이 있다.

030	**sunset**	n 해질녘, 일몰, 노을
		ex The **sunset** from the hill is beautiful.
		그 언덕에서 보는 일몰은 아름답다.
		반 sunrise 동틀녘, 일출

Practice

 1. 다음 단어에 알맞은 철자를 찾아 동그라미 쳐 보세요.

(1) 숲 (porest, forest, folest)

(2) 대신에 (instead, insted, insteade)

(3) 소시지 (sausage, sosage, sasauge)

(4) 가위 (sissors, siccors, scissors)

 2. 우리말에 맞게 빈칸을 완성하세요.

CHAPTER 03 Day 14

| wallet | routine | cricket | forecast |

(1) **You should check your daily** _____ **.**
당신의 **일상 생활**을 확인해볼 필요가 있다.

(2) **Did you see my** _____ **on the table?**
탁자 위에서 내 **지갑** 봤니?

(3) **I saw a** _____ **on my way home.**
집으로 오는 길에 **귀뚜라미**를 봤다.

(4) **I don't believe the weather** _____ **.**
나는 **일기예보**를 믿지 않는다.

SELF TEST

01	India		16		기구
02		틀, 일상	17		틀[액자], 뼈대
03		(미용실 같은)상점	18	wallet	
04		문, 정문, 대문	19		시야, 경관
05	forecast		20		뿌리를 내리다
06		맛있는	21	flame	
07		모기	22		막대한, 거대한
08	key		23		대신에
09		귀뚜라미	24	scissors	
10		마을	25		숲
11	donkey		26	alligator	
12		잠자리	27		해질녘, 일몰
13	tea		28		잠그다, 자물쇠
14		메뚜기	29	shadow	
15	planet		30	sausage	

DAY 15

색상으로 8품사 구분하기

n	명사	noun	pron	대명사	pronoun
v	동사	verb	adj	형용사	adjective
adv	부사	adverb	conj	접속사	conjunction
prep	전치사	preposition	int	감탄사	interjection

adj	male	adv	once	adj	popular
n	pork	n	menu	n	motorcycle
adj	proud	n	rope	adj	messy
n	semester	n	potion	n	set
n	project	n	shelf	n	product
v	shock	v	protect	n	ship
n	storm	adj	tidy	n	powder
n	twin	n	soy	n	lizard
n	squid	adj	wrong	n	lightning
v	rise	n	blood	n	pain

DAY 15

⭐ 표시는 **출제 빈도**를 나타냅니다.

---

001 ⭐⭐⭐

male

`adj` **남자의, 수컷의**

`ex` The **male** students wanted to play soccer.
남학생들은 축구를 하고싶어 했다.

🔄 female 여성의

---

002 ⭐⭐⭐

once

`adv` **한 번, (과거)언젠가**

`ex` We visit them **once** a month.
우리는 한 달에 한 번 그곳에 방문한다.

참고 twice 두 번, 두 배로

---

003 ⭐⭐⭐

popular

`adj` **인기 있는, 대중적인**

`ex` His game became **popular**.
그의 게임은 인기 있어졌다.

---

004 ⭐⭐⭐

pork

`n` **돼지고기**

`ex` I prefer **pork** to beef.
나는 소고기보다 돼지고기를 선호한다.

---

005 ⭐⭐⭐

menu

`n` **메뉴**

`ex` When can customers order the breakfast **menu**?
손님들이 아침 메뉴를 언제 주문할 수 있는가?

---

006 ⭐⭐⭐

motorcycle

`n` **오토바이**

`ex` The man is on the **motorcycle**.
남자는 오토바이를 타고 있다.

---

007 ★ ★ ★

proud

`adj` **자랑스러워 하는**

`ex` Jaime was **proud** of himself.
Jaime은 그 스스로를 자랑스러워 했다.

---

008 ★ ★ ★

rope

`n` **밧줄**

`ex` Should we get a longer **rope**?
더 긴 밧줄을 얻어야 할까요?

---

009 ★ ★ ★

messy

`adj` **지저분한, 엉망인**

`ex` Our living room is so **messy**.
거실이 너무 지저분하다.

@ clean 깨끗한, 깔끔한

---

010 ★ ★ ★

semester

`n` **학기**

`ex` My second **semester** starts next week.
나의 두 번째 학기가 다음주에 시작한다.

---

011 ★ ★

potion

`n` **물약**

`ex` There is no magic **potion** here.
이곳에 마법 물약은 없다.

---

012 ★ ★

set

`n` **세트** `v` **놓다, (일어나게)하다**

`ex` There are five coupons in the **set**.
한 세트에는 5개의 쿠폰이 들어있다.

CHAPTER 03   Day 15

---

013 ⭐⭐

project

| n | 프로젝트, 계획, 연구 | v | 계획[기획]하다 |

ex Sarah needs help with her **project**.
Sarah는 그녀의 프로젝트에 도움이 필요하다.

---

014 ⭐⭐

shelf

| n | 선반, 책꽂이 |

ex The **shelf** behind the chair is full of books.
의자 뒤에 있는 선반에 책이 가득하다.

---

015 ⭐⭐

product

| n | 제품, 생산물 |

ex What **product** are the reviews likely for?
리뷰들은 어떤 제품을 위한 것 같은가?

---

016 ⭐⭐

shock

| v | 충격을 주다, 깜짝 놀라게 하다 | n | 충격 |

ex The woman was **shocked**.
그 여자는 충격 받았다.

---

017 ⭐⭐

protect

| v | 보호하다, 지키다 |

ex She serves and **protects** people.
그녀는 사람들을 도와주고 지켜준다.
㊒ defend 방어하다

---

018 ⭐⭐

ship

| n | 배, 선박 |

ex The wave is taller than the **ship**.
파도가 선박보다 더 크다.

019

storm

n	폭풍, 폭풍우
ex	Did you hear the **storm** last night?
	어젯밤에 폭풍우 소리 들었니?

020

tidy

adj	깔끔한, 잘 정돈된
ex	The closet on the right is **tidy**.
	오른쪽에 있는 옷장은 잘 정돈되어 있다.

021

powder

n	가루, 분말
ex	The sauce is sold in **powder** form.
	그 소스는 가루 형태로 판매된다.

022

twin

n	쌍둥이
ex	She had a **twin** sister.
	그녀는 쌍둥이 여동생이 있었다.

023

soy

n	콩, 대두
ex	After you make it, add some **soy** sauce.
	다 만들고 나서, 간장을 조금 넣어라.
참고	soy sauce 간장

024

lizard

n	도마뱀
ex	He wants to see a **lizard**.
	그는 도마뱀을 보고 싶어한다.

CHAPTER 03 Day 15

Day ⑮

★ 표시는 **출제 빈도**를 나타냅니다.

025

squid

| n | 오징어 |

| ex | I don't like **squid** dishes. |
나는 오징어 요리를 좋아하지 않는다.

026

wrong

| adj | 틀린, 잘못된 |

| ex | Something is **wrong** with my computer. |
내 컴퓨터가 무언가 잘못되었어.

027

lightning

| n | 번개 |

| ex | Did you see the **lightning** just now? |
방금 번개 봤어?

028

rise

| v | 오르다 | | n | 상승, 증가 |

| ex | The price of oil might **rise** again. |
기름 가격이 또 다시 상승할 수도 있다.

참고 rise-rose-risen

029

blood

| n | 피, 혈액 |

| ex | The patient needs more **blood**. |
환자는 혈액이 더 필요하다.

030

pain

| n | 아픔, 통증, 고통 |

| ex | It may help ease the **pain**. |
그것은 아마 통증을 줄이는데 도움이 될 것이다.

Practice

 1. 다음 단어들을 올바르게 연결하세요.

(1) lizard   •   •   (a) 한 번, 언젠가

(2) squid   •   •   (b) 오징어

(3) potion   •   •   (c) 물약

(4) twin   •   •   (d) 가루, 분말

(5) powder   •   •   (e) 쌍둥이

(6) once   •   •   (f) 도마뱀

 2. 우리말에 맞게 빈칸을 완성하세요.

> pain   project   blood   tidy

(1) The patient needs more _____ .

환자는 **혈액**이 더 필요하다.

(2) Sarah needs help with her _____ .

Sarah는 그녀의 **프로젝트**에 도움이 필요하다.

(3) The closet on the right is _____ .

오른쪽에 있는 옷장은 **잘 정돈되어** 있다.

(4) It may help ease the _____ .

그것은 아마 **통증**을 줄이는데 도움이 될 것이다.

SELF TEST

01	proud		**16**		남자의, 수컷의
02		폭풍, 폭풍우	**17**	semester	
03		틀린, 잘못된	**18**	shelf	
04	blood		**19**		충격
05	messy		**20**	product	
06		오르다, 상승	**21**	pork	
07	once		**22**		계획하다
08		아픔, 통증, 고통	**23**		배, 선박
09	popular		**24**	tidy	
10		(일어나게)하다	**25**		파우더, 가루
11	motorcycle		**26**	twin	
12		물약	**27**		간장, 콩, 대두
13	protect		**28**		도마뱀
14	rope		**29**	lightning	
15		메뉴	**30**	squid	

TOSEL 실전문제 ❸

QR코드를 인식시키면
음원이 재생됩니다

PART A. Listen and Recognize

DIRECTIONS: For questions 1 to 3, listen to the sentences and choose the BEST picture. The sentences will be spoken **TWICE.**

지시 사항: 1번부터 3번까지는 단어 또는 문장을 듣고, 가장 알맞은 그림을 고르는 문제입니다. 문제는 **두 번씩** 들려줍니다.

1. • 2020 TOSEL 기출

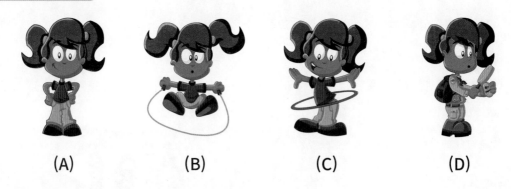

(A)   (B)   (C)   (D)

2. • 2020 TOSEL 기출

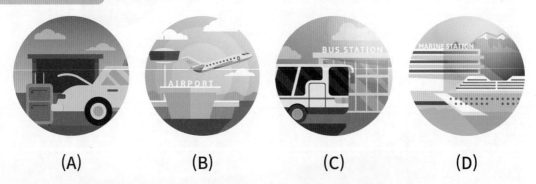

(A)   (B)   (C)   (D)

3. • 2020 TOSEL 기출

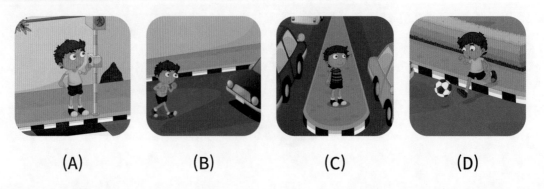

(A)   (B)   (C)   (D)

SECTION II. Reading and Writing

PART B. Situational Writing

DIRECTIONS: For questions 4 to 6, look at the pictures and complete the sentences. Choose the option that BEST completes each sentence.

지시 사항: 4번부터 6번까지는 그림을 보고 문장을 완성하는 문제입니다. 가장 알맞은 답을 고르세요.

4. • 2020 TOSEL 기출

That dog is _____!

(A) tiny

(B) huge

(C) small

(D) brown

5. • 2020 TOSEL 기출

Let's put the picture in a _____.

(A) book

(B) folder

(C) bottle

(D) frame

6.

The ball is _____ the tree.

(A) on

(B) above

(C) beside

(D) next to

Appendix

Appendix

Appendix

Appendix

Appendix

Appendix

Answers

Short Answers

DAY 1 p.23 Practice	✏	1.(1) (a)	(2) (d)	(3) (e)	(4) (c)	(5) (b)	(6) (f)			
	✏	2.(1) stage		(2) scoop		(3) modern		(4) recreation		

Self Test p.24	✏	(1) 정보	(2) miss	(3) writing	(4) ~이 되다	(5) 주문하다	(6) sure	(7) 다른	(8) during	(9) ~안으로	(10) lot
	✏	(11) 떠나다	(12) pilot	(13) 단계	(14) 게	(15) modem	(16) seek	(17) 남자	(18) 오락	(19) out	(20) 어려운
	✏	(21) thing	(22) 오다	(23) 어제	(24) 꽃	(25) 팀	(26) up	(27) story	(28) 숟갈	(29)drama	(30) 부활절

DAY 2 p.31 Practice	✏	1.(1) public		(2) event		(3) arena		(4) apartment		
	✏	2.(1) backstroke		(2) important		(3) unicorn		(4) Thank		

Self Test p.32	✏	(1) 여자	(2) 컴퓨터	(3) event	(4) 쿠폰	(5) 제목	(6) ~처럼	(7) 베이컨	(8) important	(9) 낮잠	(10)public
	✏	(11) 학교	(12) sled	(13) 유니콘	(14) 아파트	(15) 미끄러지다	(16) think	(17) 일	(18) behind	(19) away	(20) 스파이
	✏	(21) 고마워하다	(22) backstroke	(23) 이미지	(24) mood	(25) 제안하다	(26)absolutely	(27) 꼬리표	(28) 주제	(29) waiter	(30) arena

DAY 3 p.39 Practice	✏	1.(1) (b)	(2) (c)	(3) (a)	(4) (f)	(5) (e)	(6) (d)			
	✏	2.(1) afraid		(2) difficult		(3) activity		(4) Mine		

Self Test p.40	✏	(1)accident	(2) 다리	(3) 인형	(4) band	(5)bandage	(6) 우표	(7) 양초	(8) 다른	(9) eagle	(10)hour
	✏	(11) 요정	(12)fortune	(13) instruction	(14) 표	(15)유치원	(16) homeless	(17) 폭죽	(18) 방향	(19)잠이 든	(20) afraid
	✏	(21) 베이글	(22)difficult	(23) 주소	(24)campsite	(25)더 좋은	(26)활동	(27) 성	(28) mine	(29) 즐기다	(30)그럴듯한

DAY 4 p.47 Practice	✏	1.(1) anyone		(2) education		(3) simplify		(4) reject		
	✏	2.(1) top		(2) guitar		(3) carving		(4) mark		

Self Test p.48	✏	(1) 누구나	(2)education	(3) cashier	(4) 의식	(5) carve	(6) 기타	(7) 표시하다	(8) reject	(9) 형성되다	(10)chocolate
	✏	(11) 퍼즐	(12)simplify	(13) pole	(14) 염소	(15) 충분히	(16)channel	(17)happen	(18) 끈	(19)schedule	(20) 칠하다
	✏	(21) 맨 위	(22)많지 않은	(23) 떨다	(24) 행진	(25)아프리카	(26)dome	(27) 이기다	(28) ~중에	(29) bean	(30)더(많이)

DAY 5 p.55 Practice	✏	1.(1) (e)	(2) (b)	(3) (c)	(4) (d)	(5) (f)	(6) (a)			
	✏	2.(1) again		(2) chased		(3) camel		(4) soil		

Self Test p.56	✏	(1) deliver	(2) 죽다	(3)appointment	(4) 지루한	(5) 바비큐	(6) 배구	(7) 신이 난	(8) weight	(9) 토양	(10) clay
	✏	(11) 한번 더	(12) 펜	(13) 공주	(14) 경찰서	(15) camel	(16) 우체국	(17) only	(18) 호각	(19) 사원	(20) can
	✏	(21) chase	(22) 살다	(23) until	(24)already	(25) 모두	(26)maybe	(27)지원(서)	(28) 깊은	(29) 도전	(30) meal

TOSEL 실전문제 1	1. (B)	2. (D)	3. (C)	4. (B)	5. (A)	6. (A)

DAY 6 p.67 Practice	✏	1.(1) furniture		(2) excuse		(3) bottom		(4) contest		
	✏	2.(1) treasure		(2) Autumn		(3) either		(4) mop		

Self Test p.68	✏	(1) 대걸레	(2) either	(3) 보물	(4) circus	(5) 브로콜리	(6) furniture	(7) 피곤한	(8) sorry	(9) contest	(10) 가을
	✏	(11) 체리	(12) worker	(13) 죽이다	(14) excuse	(15) bead	(16) noodle	(17) spend	(18) 카드	(19) 자리	(20) ago
	✏	(21) 수영장	(22) 카메라	(23) 젓다	(24)buffet	(25) 중국	(26)coin	(27) 박람회	(28) 맨 아래	(29)comic book	(30) cello

DAY 7 p.75 Practice	✏	1.(1) (b)	(2) (c)	(3) (f)	(4) (e)	(5) (a)	(6) (d)			
	✏	2.(1) exit		(2) number		(3) sweep		(4) Entry		

Self Test p.76	✏	(1) 숟가락	(2) 젓가락	(3)collection	(4) 서랍	(5) hole	(6) must	(7) 입장	(8) 복사(본)	(9) final	(10) 출구
	✏	(11) habitat	(12) 올리브	(13) 기체	(14) cookie	(15) 가까이	(16) course	(17) create	(18) 숫자	(19) fall	(20) 병원
	✏	(21) 동호회	(22) 쓸다	(23) ceiling	(24) fashionable	(25) 지우다	(26)거위	(27) jam	(28) 농장	(29) 쇼핑몰	(30) fork

Chapter 01

Day 1
p.17

[Practice]

Exercise 1.
p.23

(1) (a) (2) (d) (3) (e) (4) (c) (5) (b) (6) (f)

Exercise 2.
p.23

(1) stage (2) scoop (3) modern (4) recreation

Day 1. Self Test

1. 정보	16. seek
2. miss	17. (성인) 남자, 사람들, 인류
3. writing	18. 오락, 레크리에이션
4. ~이 되다	19. out
5. 주문하다, 명령하다	20. 어려운[힘든], 단단한, 열심히
6. sure	21. thing
7. 다른, 차이가 나는	22. 오다
8. during	23. 어제
9. ~안[속]으로	24. 꽃, 꽃을 피우다 개화하다
10. lot	25. 팀[단체]
11. 떠나다[출발하다], 그대로 놓아두다	26. up
12. pilot	27. story
13. 단계 / 무대	28. (국자 같은) 숟갈, 스쿱, (스쿱을 이용하여) 뜨다
14. 게	29. drama
15. modern	30. 부활절

Day 2
p.25

[Practice]

Exercise 1.
p.31

(1) public (2) event (3) arena (4) apartment

Exercise 2.
p.31

(1) backstroke (2) important
(3) unicorn   (4) Thank

Day 2. Self Test

1. (성인) 여자, 여성	16. think
2. 컴퓨터	17. 일, 직장, 직업, 일하다
3. event	18. behind
4. 쿠폰, 할인권	19. away
5. 제목, 표제 제목을 붙이다	20. 스파이, 정보원, 첩자
6. ~처럼[같이], ~로(서)	21. 고마워하다 감사를 전하다
7. 베이컨	22. backstroke
8. important	23. 이미지[인상], 영상, 그림
9. 낮잠, 낮잠을 자다	24. mood
10. public	25. 제안하다, 제공하다 제의, 제안
11. (특수 분야의) 학교, 학술원, 예술원	26. absolutely
12. sled	27. 꼬리표[태그]
13. 유니콘[전설상의 동물]	28. 주제, 테마
14. 아파트	29. waiter
15. 미끄러지다	30. arena

Day 3
p.33

[Practice]

Exercise 1. p.39

(1) (b) (2) (c) (3) (a) (4) (f) (5) (e) (6) (d)

Exercise 2. p.39

(1) afraid (2) difficult (3) activity (4) Mine

Day 3. Self Test

1. accident	16. homeless
2. 다리	17. 폭죽, 불꽃놀이
3. 인형	18. 방향
4. band	19. 잠이 든, 자고 있는
5. bandage	20. afraid
6. 우표	21. 베이글
7. 양초	22. difficult
8. 다른, 다른 사람[것]	23. 주소
9. eagle	24. campsite
10. hour	25. 더 좋은[나은], 더 잘하는
11. 요정	26. 활동
12. fortune	27. 성
13. instruction	28. mine
14. 표[라벨/상표], 라벨을 붙이다	29. 즐기다 즐거운 시간을 보내다
15. 유치원	30. ~ 할 것 같은, 그럴듯한

Day 4
p.41

[Practice]

Exercise 1. p.47

(1) anyone (2) education (3) simplify (4) reject

Exercise 2. p.47

(1) top (2) guitar (3) carving (4) mark

Day 4. Self Test

1. 누구나, 아무나	16. channel
2. education	17. happen
3. cashier	18. 끈[줄/띠]
4. 의식, 식	19. schedule
5. carve	20. (페인트를) 칠하다, 그리다, 페인트, 그림물감
6. 기타	21. 맨 위, 꼭대기, 상의, 맨 위의
7. 표시하다 자국[흔적], 점, 표시	22. (수가) 많지 않은 [적은] 소수, 적은 수
8. reject	23. (추위, 두려움으로) (몸을) 떨다
9. 형성되다, 구성되다 서식, 유형	24. 행진, 퍼레이드
10. chocolate	25. 아프리카
11. 퍼즐, 수수께끼	26. dome
12. simplify	27. 이기다, 맥박, 리듬
13. pole	28. ~사이에, ~중에
14. 염소	29. bean
15. 충분히, 충분한	30. 더(많이)

Day 5

p.49

[Practice]

Exercise 1.   p.55

(1) (e)   (2) (b)   (3) (c)   (4) (d)   (5) (f)   (6) (a)

Exercise 2.   p.55

(1) again   (2) chased   (3) camel   (4) soil

Day 5. Self Test

1. deliver	16. 우체국
2. 죽다, 사망하다	17. only
3. appointment	18. 호각, 호루라기, 호각 소리, 휘파람을 불다
4. 지루한	19. 사원, 신전
5. 바비큐[숯불구이]	20. can
6. 배구	21. chase
7. 흥분 시키다, 신이 난, 들뜬	22. 살다, 거주하다
8. weight	23. until
9. 토양, 흙	24. already
10. clay	25. 모든 사람, 모두
11. 한 번 더, 다시	26. maybe
12. 펜	27. 지원(서) / 적용
13. 공주	28. 깊은 깊이, 깊은 곳에
14. 경찰서	29. 도전
15. camel	30. meal

TOSEL 실전문제 1

Section I. Listening and Speaking

1. (B)

해석 Girl: It's already 10:30. We're in trouble.
소녀: 벌써 10시 30분이야. 우리 큰일 났어.
풀이 지문에서 10시 반이라고 언급하였으므로 시계가 10시 30분을 가리키는 그림 (B)가 정답이다.
관련 어휘 already 벌써, 이미 (Day 5)

2. (D)

해석 Boy: I'm wearing an eagle costume.
소년: 나는 독수리 의상을 입고 있어.
풀이 남자아이가 독수리 복장을 하고 있는 그림 (D)가 정답이다.
관련 어휘 eagle 독수리 (Day 3)

3. (C)

해석 Girl: The light is out. I have to use a candle.
소녀: 불(전등)이 나갔어. 나는 양초를 사용해야 돼.
풀이 정전으로 인해 촛불을 켜야 한다고 했으므로 촛불 그림 (C)가 정답이다.
관련 어휘 candle 양초 (Day 3)

Section II. Reading and Writing

4. (B)

해석 The girl is hiding <u>behind</u> the curtain.
여자아이가 커튼 뒤에 숨어 있다.
(A) under 아래에   (B) behind 뒤에
(C) on top of 위에   (D) in front of 앞에
풀이 그림은 커튼 뒤에 여자아이가 숨어 있는 모습을 묘사하고 있으므로 (B)가 정답이다.
관련 어휘 behind 뒤에 (Day 2)

5. (A)

해석 My uncle is a <u>pilot</u>.
내 삼촌은 조종사야.
(A) pilot 조종사, 비행사 (B) doctor 의사
(C) banker 은행원   (D) cashier 출납원
풀이 그림은 항공기 조종석에 앉아 있는 남성을 묘사하고 있으므로 (A)가 정답이다.
관련 어휘 pilot 조종사, 비행사 (Day 1) cashier 출납원 (Day 4)

6. (A)

해석 Watch out! The hole is <u>deep</u>.
조심 하세요! 구멍이 깊어요.
(A) deep 깊은   (B) clean 깨끗한
(C) messy 지저분한   (D) different 다른
풀이 구멍 옆에 경고 표지판이 놓여있는 거로 보아 구멍이 깊으니 조심하라는 것을 알 수 있으므로 (A)가 정답이다.
관련 어휘 deep 깊은; 깊이, 깊은 곳에 (Day 5)
different 다른, 차이가 나는 (Day 1)

Chapter 02

Day 6 p.61

[Practice]

Exercise 1. p.67

[1] furniture [2] excuse [3] bottom [4] contest

Exercise 2. p.67

[1] treasure [2] Autumn [3] either [4] mop

☀ Day 6. Self Test

1. 대걸레로 닦다, 대걸레	16. noodle
2. either	17. spend
3. 보물	18. 카드
4. circus	19. 자리, 좌석
5. 브로콜리	20. ago
6. furniture	21. 수영장
7. 피곤한, 지친	22. 카메라
8. sorry	23. 젓다, 섞다
9. contest	24. buffet
10. 가을	25. 중국
11. 체리	26. coin
12. worker	27. 박람회, 공정한
13. 죽이다	28. 맨 아래
14. excuse	29. comic book
15. bead	30. cello

Day 7 p.69

[Practice]

Exercise 1. p.75

[1] (b) [2] (c) [3] (f) [4] (e) [5] (a) [6] (d)

Exercise 2. p.75

[1] exit [2] number [3] sweep [4] Entry

☀ Day 7. Self Test

1. 숟가락, 스푼 / 숟가락으로 떠서 옮기다	16. course
2. 젓가락	17. create
3. collection	18. 수, 숫자
4. 서랍	19. fall
5. hole	20. 병원, 진료소
6. must	21. 클럽, 동호회
7. 입장, 출입, 가입	22. 쓸다, 청소하다
8. 복사(본), 복사하다	23. ceiling
9. final	24. fashionable
10. 출구, 나가다	25. 지우다
11. habitat	26. 거위
12. 올리브(열매)	27. jam
13. 기체, 가스	28. 농장, 농원
14. cookie	29. 쇼핑몰(전용 상점가)
15. 가까이, 가까운	30. fork

Day 8 p.77

[Practice]

Exercise 1. p.83

[1] announce [2] weekend
[3] restaurant [4] feather

Exercise 2. p.83

[1] report [2] flag [3] common [4] nervous

Day 8. Self Test

1. still	16. 발표하다, 알리다, 선언하다
2. 주말	17. Europe
3. palace	18. common
4. 지느러미	19. 표현하다 급행의, 신속한
5. confuse	20. 소스
6. cloud	21. cartoon
7. 소고기	22. report
8. score	23. 상황, 처지, 환경
9. 깃털	24. comment
10. 캥거루	25. 외치다, 소리지르다, (시끄러운) 소리를 내다
11. restaurant	26. mermaid
12. pour	27. (소)도시, 읍
13. scared	28. exact
14. type	29. 상어
15. 깃발, 기	30. 불안해하는 / 긴장하는

Day 9 p.85

[Practice]

Exercise 1. p.91

[1] (e) [2] (d) [3] (c) [4] (a) [5] (f) [6] (b)

Exercise 2. p.91

[1] corn [2] fire [3] crazy [4] mobile

Day 9. Self Test

1. 정확한, 옳은	16. 옥수수, 곡물
2. decide	17. greet
3. enter	18. 서류철, 폴더
4. headache	19. dinosaur
5. 끔찍한, 심한, 지독한	20. height
6. case	21. grab
7. 무당벌레	22. 갈라지다, 깨지다
8. counter	23. right
9. 흔들다	24. someone
10. down	25. 곱슬곱슬한
11. dear	26. 이동하는, 이동식의, 휴대폰
12. dangerous	27. German
13. 남자, 녀석, 사내, (성별 구분없이) 사람	28. crazy
14. 실패하다, ~하지 못하다	29. 불, 화재
15. heaven	30. 지붕

Day 10

p.93

[Practice]

Exercise 1. p.99

(1) jewel (2) beverage (3) daughter (4) lettuce

Exercise 2. p.99

(1) passenger (2) herb (3) take off (4) laundry

Day 10. Self Test

1. least	16. 군중, 무리, 가득 메우다
2. 승객	17. icy
3. hero	18. idea
4. crown	19. 로비
5. 품목, 항목	20. 인터넷
6. platform	21. 음료
7. diamond	22. hospital
8. drummer	23. goggles
9. 세탁물, 세탁, 세탁소	24. (양)상추
10. jar	25. jewel
11. 수채화, 수채화 그림물감	26. 이륙하다[날아오르다]
12. high	27. lift
13. 마늘	28. 사실
14. hotel	29. herb
15. 골프 치는 사람, 골프 선수	30. 딸

 TOSEL 실전문제 2

Section I. Listening and Speaking

1. (D)

해석 Girl: My house has two chimneys and a swimming pool.
　　　소녀: 내 집은 굴뚝 두 개와 수영장을 가지고 있어.
풀이 지붕에 굴뚝 두 개와 집 앞에 수영장이 있는 그림 (D)가 정답이다.
관련 어휘 pool 수영장 (Day 6)

2. (B)

해석 Boy: The doctor is checking my height.
　　　소년: 의사 선생님은 내 키를 확인하고 계신다.
풀이 의사가 남자아이의 키를 재고 있는 그림 (B)가 정답이다.
관련 어휘 height 높이, (사람의) 키 (Day 9)

3. (A)

해석 Girl: I have to do laundry on the weekend.
　　　소녀: 나는 빨래를 주말에 해야 돼.
풀이 여자가 세탁기를 돌리고 있는 모습을 묘사한 그림 (A)가 정답이다.
관련 어휘 laundry 세탁물, 세탁, 세탁소 (Day 10)
　　　　　 weekend 주말 (Day 8)

Section II. Reading and Writing

4. (A)

해석 Owen feels very <u>tired</u>.
　　　Owen은 매우 피곤하다.
　　　(A) tired 피곤한　　(B) fresh 개운한
　　　(C) brave 용감한　　(D) active 활발한
풀이 그림은 지쳐있는 남자의 모습을 묘사하고 있으므로 (A)가 정답이다.
관련 어휘 tired 피곤한, 지친 (Day 6)

5. (D)

해석 Don't forget to wear <u>goggles</u>.
　　　고글 쓰는거 잊지 마세요.
　　　(A) gloves 장갑　　(B) a scarf 목도리
　　　(C) a mask 마스크　　(D) goggles 고글
풀이 그림은 고글을 쓰고 실험을 하는 여성을 묘사하고 있으므로 (D)가 정답이다.
관련 어휘 goggles 고글 (Day 10)

6. (B)

해석 The plane is <u>taking off</u>.
　　　비행기가 이륙하는 중이다.
　　　(A) giving up 포기하는　(B) taking off 이륙하는
　　　(C) landing on 착륙하는　(D) bringing in 가져오는
풀이 그림은 비행기가 올라가는 모습을 묘사하고 있으므로 (B)가 정답이다.
관련 어휘 take off 이륙하다 [날아오르다] (Day 10)

Chapter 03

Day 11 p.105

[Practice]

Exercise 1. p.111

(1) (b)   (2) (a)   (3) (d)   (4) (e)   (5) (f)   (6) (c)

Exercise 2. p.112

(1) noon   (2) site   (3) tale   (4) travel

Day 11. Self Test

1. 채식주의자	16. site
2. 낭비하다, 낭비, 쓰레기	17. 미술품
3. quite	18. thought
4. 이야기	19. robe
5. tofu	20. 조언, 충고
6. mathematics	21. 인명 구조원(안전 요원)
7. 정오, 낮 12시	22. press
8. 목화, 면직물	23. 시끄러운
9. leftover	24. 여행 / 여행하다
10. neighbor	25. toast
11. (어느 한)쪽, 옆, 측면, 가장자리	26. officer
12. 신문	27. 가장 큰[중요한], 주된
13. quiet	28. media
14. violin	29. 표범
15. 사전	30. soon

Day 12 p.113

[Practice]

Exercise 1. p.119

(1) mushroom   (2) mineral   (3) cactus   (4) tone

Exercise 2. p.120

(1) peanut   (2) fee   (3) Oil   (4) solve

Day 12. Self Test

1. Australia	16. choice
2. 녹다[녹이다]	17. mushroom
3. 위치를 찾아내다, 두다, 설치하다	18. 형형색색의, 다채로운
4. 광물, 무기물, 미네랄	19. album
5. community	20. 진흙
6. fence	21. 해결하다, 풀다
7. 즙[물기]이 많은	22. 소포
8. chimney	23. welcome
9. 두꺼비	24. list
10. bicycle	25. 유람선 여행 유람선을 타다
11. oil	26. 낮은, 낮게
12. official	27. cactus
13. 어조, 말투	28. above
14. America	29. 수수료, 요금
15. peanut	30. pea

Day 13 p.121

[Practice]

Exercise 1. p.127

(1) (f) (2) (e) (3) (d) (4) (c) (5) (a) (6) (b)

Exercise 2. p.128

(1) ripe (2) return (3) even (4) recycle

Day 13. Self Test

1. 멀리, 떨어져	16. fight
2. pop	17. 재활용하다
3. 등뼈, 등, 척추	18. customer
4. connect	19. 열량, 칼로리
5. everything	20. raise
6. recipe	21. cost
7. 라디오	22. 부분, 구획
8. opera	23. password
9. experiment	24. quit
10. even	25. 양식, 패턴 무늬를 만들다
11. 익은, 숙성한	26. 우편, 우편물, 발송하다
12. easy	27. cycle
13. 수탉	28. physical
14. 껍질을 벗기다, 깎다, 껍질	29. 건초
15. return	30. female

Day 14 p.129

[Practice]

Exercise 1. p.135

(1) forest (2) instead (3) sausage (4) scissors

Exercise 2. p.136

(1) routine (2) wallet (3) cricket (4) forecast

Day 14. Self Test

1. 인도	16. instrument
2. routine	17. frame
3. salon	18. 지갑
4. gate	19. view
5. 예측, 예측하다	20. root
6. tasty	21. 불길, 불꽃, 타오르다
7. mosquito	22. huge
8. 열쇠, 키	23. instead
9. cricket	24. 가위
10. village	25. forest
11. 당나귀	26. 악어
12. dragonfly	27. sunset
13. 찻잎, 차	28. lock
14. grasshopper	29. 그림자, 어둠
15. 행성	30. 소시지

Unit 15   p.137

[Practice]

Exercise 1.   p.143

(1) (f)   (2) (b)   (3) (c)   (4) (e)   (5) (d)   (6) (a)

Exercise 2.   p.144

(1) blood   (2) project   (3) tidy   (4) pain

Day 15. Self Test

1. 자랑스러워 하는	16. male
2. storm	17. 학기
3. wrong	18. 선반, 책꽂이
4. 피, 혈액	19. shock
5. 지저분한, 엉망인	20. 제품, 생산물
6. rise	21. 돼지고기
7. 한 번, (과거)언젠가	22. project
8. pain	23. ship
9. 인기 있는, 대중적인	24. 깔끔한, 잘 정돈된
10. set	25. powder
11. 오토바이	26. 쌍둥이
12. potion	27. soy
13. 보호하다, 지키다	28. lizard
14. 밧줄	29. 번개
15. menu	30. 오징어

Section I. Listening and Speaking

1.   (B)

해석 Boy: Maria has a skipping rope.

소년: Maria는 줄넘기 줄이 있다.

풀이 여자아이가 줄넘기를 하고 있는 그림 (B)가 정답이다.

관련 어휘 rope 밧줄 (Day 15)

2.   (D)

해석 Girl: Let's go on a cruise this holiday.

소녀: 우리 이번 휴가에는 유람선 여행 가자.

풀이 유람선을 묘사하고 있는 그림 (D)가 정답이다.

관련 어휘 cruise 유람선 여행; 유람선을 타다 (Day 12)

3.   (A)

해석 Boy: Mario pressed the button to cross the street.

소년: Mario는 길을 건너기 위해 버튼을 눌렀다.

풀이 횡단보도에서 남자아이가 신호등 버튼을 누르고 있는 (A)가 정답이다.

관련 어휘 press 누르다 [눌리다] (Day 11)

Section II. Reading and Writing

4.   (B)

해석 That dog is huge!

저 개는 거대하다!

(A) tiny 아주 작은   (B) huge 거대한

(C) small 작은   (D) brown 갈색의

풀이 그림은 남자와 비슷한 크기의 큰 개를 묘사하고 있으므로 (B)가 정답이다.

관련 어휘 huge 막대한, 거대한 (Day 14)

5.   (D)

해석 Let's put the picture in a frame.

우리, 액자에 사진 끼우자.

(A) book 책   (B) folder 폴더

(C) bottle 병   (D) frame 액자

풀이 그림은 액자를 묘사하고 있으므로 (D)가 정답이다.

관련 어휘 frame 틀[액자], 뼈대 (Day 14)

6.   (B)

해석 The ball is above the tree.

공이 나무보다 위에 있다.

(A) on ~에   (B) above ~보다 위에

(C) beside 옆에   (D) next to ~바로 옆에

풀이 그림은 공이 나무보다 위에 있는 것을 묘사하고 있으므로 (B)가 정답이다.

관련 어휘 above ~보다 위에; 위에[위로] (Day 12)